採点者の心をつかむ

合格する小論文

改訂版

河合塾講師 中塚光之介

かんき出版

本書は、小社より2017年に刊行された『採点者の心をつかむ 合格する小論文』を、最新の入試状況に対応させた改訂版です。

はじめに

「マニュアル」通りに書いていた僕

予備校に通っていた浪人生時代、生まれて初めて小論文を書きました。第一志望だった早稲田大学の試験科目に、小論文があったからです。

しかし、なかなかうまく書けなかったので、とりあえず書店で参考書を買い、ひと通り読んでみました。その本には、小論文っぽい言葉遣い、文章の書き方、形式的なルールが示されていたので、早速、その通りに書いてみました。割とすんなり書き終えることができましたが、読み返してみると、何ともつまらない。心配になったので、何人か友人の書いた小論文を見せてもらいました。すると、どれも形式的には整っていたものの、中身がなく薄っぺら。そして、僕が書いたのと同じ、平凡すぎる内容の小論文だったのです。「なんだ、みんなこんなものか」と少し安心したものの、これでは、実際の試験で周りに差をつけることができません。そこで、僕がふだん授業を受けていた現代文講師に相談することにしました。

「自分のことを書け」と言う現代文講師の言葉

僕が書いた答案を渡し、早速その場で読んでもらいました。すると、彼はひと言こう言いました。

「自分のことを書け」

と。よくわからなかったので、どういうことかと聞くと、

「自分の体験を軸に書かなければ伝わらない。自分の体験から考えたことでないと、説得力がないのだ」

と言われました。

この現代文講師のアドバイスが、僕の受験勉強を大きく変えることになりました。

小論文のイメージが180度変わった

「自分のことを書け」というアドバイスは、僕の頭の中に強烈に残りました。参考書

に掲載されていた解答例は、大人の言葉で書かれた評論文のようで、それが僕の中での小論文の「常識」でした。ですから正直、自分のことなんか書いたら、感想文みたいでバカにされるのではないかとも思いましたが、僕はその講師を慕《した》っていたこともあり、アドバイス通り、とにかく自分の体験を書くよう努力を続けました。どんな問題でもすべて、自分の体験に則して書くということだけを意識したのです。

「自分のことを書く」具体的な方法

「自分のことを書け」と言われて、僕が意識したのは、自分、友人、家族、知人、そしてテレビや新聞に出てくる人々といった、僕自身と僕が知る人のことを書くことでした。コミュニケーションや人間関係をテーマとする問題ならば、自分の友人や家族との間で生じることを書きました。社会的なテーマの場合は、まず自分の周りでネタになりそうなことを見つけて、そこから考えを広げていくようにしました。文章自体は子どもっぽかったのですが、とにかく「自分のことを書く」ことに徹しました。

当時の僕が書いた小論文のレベルがどの程度だったか、はっきりわかりませんが、このトレーニングをくり返した結果、無事に第一志望の早稲田大学に合格することができたのです。僕が書いた小論文が、少なくとも早稲田大学に合格できるレベルに達していたことは、結果によって明らかになりました。

自分の体験からしか語れない

みなさんも、小論文って何を書いたらいいかわからない、また、お堅いことを書かなければならない、と思っていませんか？　何とかそれっぽいことを書こうとしつつも、結局、平凡な内容になっていませんか？　そして何より、自分の体験を小論文に書いてはいけない、と決めつけていませんか？　それは、大きな勘違いなのです。そもそも僕たちは、自分の頭の中の情報を使って考えています。つまり、**自分の体験や経験からしか語ることはできない**のです。

実は、自分の体験を具体的に考察することこそが、小論文という科目の本当の目的なのです。だからみなさんも、「自分のことを書く」をキーワードにして、僕のように、小論文の書き方を一変させてほしいのです。

本書のゴール

おそらくですが、今でも、僕が浪人生のときに初めて書いたような小論文が、日々量産されているはずです。なぜなら、世に出回っている参考書や、教壇に立つ教師・講師は、型通りの小論文の書き方を教え、多くの受験生はそれにしたがって書いているからです。たしかに、マニュアル通りに書けば、一応、形式の整った小論文になるでしょう。しかし、断言しますが、大学の先生、つまり**合否を決める側は、そんな小論文は求めていません**。むしろ、量産型の答案をさんざん読まされ、うんざりしているはずです。本書の目的は、この量産型の答案から一歩抜きん出る小論文、つまり、合格できる小論文を書く技術を身につけることです。

僕の仕事について

僕は大学卒業後、予備校で小論文を教え始めました。それから30年以上が経ち、授業で教えた受験生は1万人を超えました。今では、あのときの現代文講師のアドバイスの意味がよくわかります。自分の体験から考えるということの意味が。

この本を手にとってくれたみなさんには、小論文とは何かということを、お伝えしていきたいと思います。小論文は、「形式通り書かなければならない」「お堅い内容を書かなければならない」「大人のような言葉遣いをしなければならない」なんてことで思い悩んでいる人に、本当の小論文、つまり、自分の体験から考えていくということを学んでもらいたいと思います。

ちなみに、小論文を教えていて一番うれしいことは、受験生から大学に入学したあとに「小論文の書き方を学んだことが、大学のレポートに役立っています。小論文をやっていてよかった」というような言葉をもらったときです。僕の講義が受験に役立たなければならないのは当然のことですが、それが、大学での学びにも役立つと言われれば、予備校講師としては最高の喜びです。ですから本書では、受験だけのための安直なテクニックではなく、本物の書く力が身につく方法を、できるだけわかりやすく伝えていきます。

改訂にあたって

旧版を書いたのは２０１７年でした。２０１７年から現在に至るまで、小論文の傾向だけにとどまらず、大学入試自体も変化し続けています。

具体的には、総合型選抜や学校推薦型選抜など、いわゆる年内入試の増加です。年内入試の増えるとともに小論文の重要性が増し、小論文の内容や形式も変化しました。

この変化に対応するため、今回改訂を行いました。具体的には、補章部分で、変化する小論文、多様化する小論文についてお話ししました。

現在の大学受験は情報戦と言っても過言ではありません。受験そのものが多様化しています。情報が多ければ多いほど、大学選びの選択肢が増えます。つまり、行きたい大学についてていねいに調べることで、自分にピッタリの大学が見つかるのです。

とくに年内入試は、これまでの一般教科（英国数理社）の学習だけでは対応しきれません。受験全体の情報を収集して、みなさん一人ひとりが受験戦略を立ててください。その戦略の中の一つが小論文対策です。この本がその一助になれば幸いです。

改訂版
採点者の心をつかむ
合格する小論文
もくじ

第一章

小論文の「ジョーシキ」を疑ってみよう

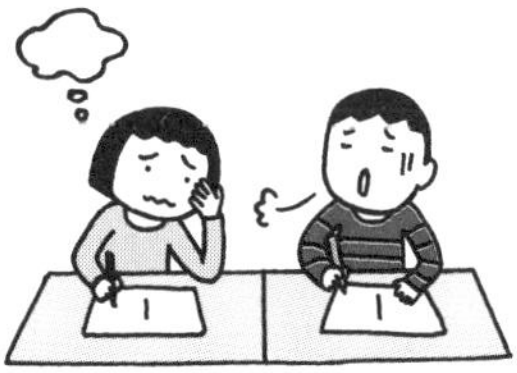

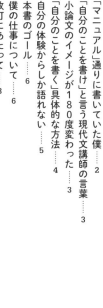

第二章 合格する小論文に必要なこと

第五章 今さら聞けない小論文の質問集

補章

小論文入試の最新傾向

カバーデザイン：高橋明香（おかっぱ製作所）
カバーイラスト：平松慶
本文デザイン・DTP：ホリウチミホ（ニクスインク）
本文イラスト：坂木浩子（ぽるか）

第一章

小論文の「ジョーシキ」を疑ってみよう

「形式的なマナーやテクニックは教えてもらったけど、
どうすれば評価される小論文が書けるのか、まったくわからない……」

そんな声をよく耳にします。そこで、本章では、
受験生のみなさんの中で、当たり前のように信じられている
小論文の「ジョーシキ」を疑ってみたいと思います。
この「ジョーシキ」を疑うことこそが、
合格する小論文を書くための第一歩です。

1 作文と小論文をはっきり区別しよう

みなさんは、「小論文は難しい」「小論文はとっつきにくい」という漠然としたイメージを持っていませんか？　僕もかつてはそう感じていました。でも、それはあくまでイメージであって、実際とは異なります。だれでも、小論文のコツをつかめば、上手に書くことができるようになります。その証拠に、僕が教えている生徒たちは、確実に書く力を身につけて、見事に志望校合格を勝ち取ってきました。だから、僕を信じて最後までついてきてください。

始めに、みなさんが小学生、中学生の頃に書いた「作文」と、だれもが書くようなありきたりな「小論文」を比較してみたいと思います。小論文を書けるようになるには、遠回りのように感じるかもしれません。しかし、まずはここを理解することで、後々の伸び方が変わってきます。ですから、ぜひとも飛ばさずに読んでください。

作文とは何か？

正直に言います。僕は、作文が嫌いでした。作文を書くことが苦痛以外の何ものでもなく、まったくと言っていいほど、いい思い出がありません。その理由は、こんな課題が連発されたからです。

「夏休みの思い出」

夏休みの宿題か、夏休みが終わったあとすぐの宿題の定番です。経験がある方も多いと思います。先生からは、さらに次のような指示も出されました。

「自由に感じたことを書くこと」

今思えば、かなりのムチャ振りです。しかし、小学校で課題となる作文や感想文は、基本的にはこの、「自由に感じたことを書くこと」が条件（条件がないことが条件？）

となっていたはずです。

この「自由に」が一番困る設定です。小学生はもちろん、大人だって戸惑います。僕は、「自由に書け」がとても苦痛でした。そこで仕方なく、ある「必殺技」を繰り出します。これを使ったことがあるのは僕だけではないはずです。

「夏休みの思い出」
①お父さんに海に連れて行ってもらいました。
②田舎のおばあちゃんに会いに行きました。
③友だちと近くの公園で昆虫採集をしました。
④いとこが遊びに来ました。
⑤楽しかったです。

どうですか？　僕が小学生のときは、クラスのほとんどが、こういう作文を書いていたと記憶しています。あれから30年以上経過した今でも、この状況は変わっていないと思います。書きながら「つまらない文章だなぁ」と思いつつも、宿題だから仕方ないとあきらめていました。しかし、よくないことに、次の課題が出されても、またこの「必殺技」を繰り出してしまうのです。こうして、みんなが「必殺技」を多用することにより、**同じようなありきたりな作文が量産される**のです。

実は、このメカニズムは意外とはっきりしています。先生から「自由に感じたこと」を書くよう言われて、小学生は、小学生なりに、どうすればいいのかを一生懸命考えます。まず思うのは、これです。

「自由に」→ムリ！→形式が欲しい→できごとの羅列→字数が埋まる！

何も書けないけど、宿題なので原稿用紙を埋めなければならない。だから、基準となる**「形式」**が欲しいと思うわけです。そこで、最初に思いつくのが、「できごとの羅列」です。短い文章でも、いくつか並べれば、何とか制限字数をクリアできるからです。原稿用紙は埋めないよりは埋めた方がいい。とにかく埋めれば宿題として成立する。みなさんも、同じようなことを考えた覚えはありませんか？

こうして、「自由に」をクリアしました。でも、次に立ちはだかるのは、「感じたことを書きなさい」です。「やばい、何も感じなかった……」でも、課題はクリアしなくてはいけません。なので、こうなるわけです。

「感じたこと」⇓ナイ！⇓形式が欲しい⇓大まかな感想⇓ポジティヴな作文！

やっぱり**「形式」**に頼ります。この場合の**「形式」**は、「大まかな感想」です。「楽しかった」「悲しかった」など、大まかな感想ならば、言葉にすることは簡単ですね。ただし、どうせ大まかな感想を述べるならば、ポジティヴな感じにしておこうと、小学生は考えます。「お父さんに海に連れて行ってもらいました」→「最悪の思い出でした」と書くと、あとで先生に呼び出されるかもしれません。それも面倒ですし、何より連れて行ってくれたお父さんがかわいそうです。ポジティヴな感想を書くというのは、先生や、それを読む人への小学生なりの配慮なのだと思います。ちなみに、一応確認しておきますが、先ほど18ページで取り上げた、「夏休みの思い出」の「必殺技」では、「できごとの羅列」は、①〜④。「大まかな感想」は、⑤ということになります。

さて、先ほどの「夏休みの思い出」で、①〜⑤の構成で書かれた作文は、果たしてどのような評価を受けるのでしょうか？　答えは**「まったくダメというわけではないが、あまり評価されない」**です。まさに「無難」というひと言に尽きる評価となります。原稿用紙は埋まっている、感想も述べているので、「まったくダメというわけではない」わけです。ただ、クラスのほとんどが同じような必殺技で書いているため、自分なりの「自由に感じたこと」が述べられていません。結果、**「あまり評価されない」**のです。

また、多くの小学生、中学生は、こうした「あまり評価されない」作文を何度もくり返し書いているため、書いても評価されないことが当たり前になっていきます。こうして、だんだんと書くこと自体に意義を感じなくなります。そして、この経験が積み重なることによって、作文、小論文に限らず、文章を書くのが嫌い、苦手という人が圧倒的に多くなるのです。ちなみに、先生が少し指示を与え、ちょっとした書き方の工夫を教えることで、一人ひとり異なった、面白みのある作文が生まれると、僕は思っています。文章を書くのが好きになる人も増えるのにな、とも。

さあ、まとめてみましょう。作文とは、「自由に感じたこと」を書くことが目的ですが、結果として出てくる作品の内容は、「できごとの羅列」と「大まかな感想」に集約されます。そしてそれは、小学生たちが、「先生の評価」を気にしていて、字数を埋めることや、ポジティヴな感想といった**「形式」**にその評価を求めることが原因でした。みなさん、納得いったでしょうか？　左の図を参考にして、作文について整理し直してみてください。

小論文とは何か？

小論文は、大学受験特有の試験科目です。公務員試験とか、入社試験とかでも見受けられますが、書いた経験のない人の方が圧倒的多数です。そのようなわけで、「小

先生からの課題
「自由に感じたことを書きなさい」
作品
できごとの羅列
大まかな感想
つまらない作文・
感想文
どうして？
先生の評価を気にして
形式的に書けばよいと思うから

論文」は、「英語」や「数学」と比べるとあまりメジャーな科目ではないので、まずは、そもそもの話、「小論文とは何か?」についてお話ししたいと思います。

30年ほど前の話です。大学入試で小論文が増えてきた頃、高校や塾の先生たちが小論文を教えるため、次のように考えました。

小論文は作文とはちがう。

⇐ 「論文」という以上、作文のように「自由に感じたこと」が求められているわけではない。

⇐ 小論文では「自由に」ではなく、「論理的」な文章が要求されている。

⇐ 「感じたこと」ではなく、「意見や主張」が必要だ。

それらを簡単にまとめると、

「小論文とは、自分の意見や主張を、論理的に述べるものである」

推測ではありますが、これが時間の経過とともに小論文の「定義」となりました。

何となくそれらしい感じがしますね。したがって、いつの間にか、この定義が**小論文の「ジョーシキ」**となったのです。この小論文の「ジョーシキ」は、本章のキーワードです。これから何度も出てきますので、みなさん意識して読み進めてくださいね。

この定義自体は、決してまちがっているとは思いません。しかし、「ジョーシキ」というものは定着してしまうと、いつの間にかだれも疑わなくなるのが常です。多くの受験生がこの「ジョーシキ」通りに書くようになったため、同じような答案が量産され、受験生間の差がなくなり、みな低い評価にとどまってしまう現状が生まれてしまいました。みんなが**「ジョーシキ」**にしたがった結果です。ですから、この**「ジョーシキ」**は一度疑う必要があるのです。

「YES or NO」を書けばOK!?

まず、みなさんは「自分の意見や主張」を述べろと言われたらどうしますか？　たとえば、こんな問題が試験に出たとしましょう。

> **問題** LINEでのコミュニケーションについてあなたの考えを述べなさい。

小論文の**「ジョーシキ」**では、「自分の意見や主張を、論理的に述べる」ことが求められます。しかし、こういう問題に対して、何か明確な「意見や主張」を持っているかと言われれば、「あまり考えたことはない」というのが正直なところではないでしょうか？　作文ならば「LINEは便利で超楽しいでーす」という感想でもいいのですが、小論文は、「意見や主張」を述べる必要があります。そこで、まずは**「大まかなYES or NO」**の表明を行うのです。たとえば、**「私はLINEでコミュ**

ニケーションをとることについて賛成である」などと述べておけば、意見を言った感が出ますね。

では、「論理的に述べろ」という課題には、どう対応するのでしょうか？「論理的」という言葉の意味自体がよくわからないというのが、ほとんどの受験生の本音でしょう。そこで、仕方がないので、「形式」を持ち出します。一番有名な「形式」は、「起承転結」です。その他にも「序論・本論・結論」というものがあります。みんながこの「形式」を使うことにより、「大まかなＹＥＳ　ｏｒ　ＮＯを表明し、形式的に書く」という答案が、山ほど生まれることになるわけです。

先ほど取り上げた、小・中学生の作文と同じ状況になっていることにお気づきでしょうか？　では、具体的に作成されるプロセスを見てみましょう。

「自分の意見や主張を論理的に述べよ」と言われて、受験生は一生懸命考えます。しかし、「そんなものないよ」というのが正直なところです。ですからこうなります。

「意見や主張」→ナイ！→形式が欲しい→大まかなYES or NO
→ポジティヴな小論文！

独自で明確な「意見や主張」はないので「形式」を求めます。それは、大まかにYES or NOを表明することです。これで、小論文の定義である**「自分の意見や主張を述べる」**がクリアできたので、大学から評価されることまちがいなし！　と受験生は考えるわけですね。

次に、「論理的に述べる」です。どうすれば「論理的」になるのか定かではないので、このように考えます。

「論理的」→ワカラナイ！→形式が欲しい→「起承転結」など→字数が埋まる！

「論理的」ということはよくわからないけど、文章は「起承転結」「序論・本論・結論」「序破急」などで書けばいいと小学校で習った。こうした「形式」を守って解答欄を埋めます。「論理的」な文章で字数を埋めたので、これも大学から評価されることまちがいなし！　となるわけです。

さて、ここで質問です。

この「大まかなＹＥＳ　ｏｒ　ＮＯと形式的な構成」で書かれた答案は、そもそも大学から評価されるのでしょうか？　つまり、合格できる小論文と言えるのでしょうか？　答えは、もうわかりますよね。**「まったくダメというわけではないが、あまり評価されない」**です。

もちろん、形式的に書いても、内容が伴っている小論文であるならば、評価の対象にはなります。形式的に書いたから一律に評価されないというわけではありません。ただ、「大まかなＹＥＳ　ｏｒ　ＮＯと形式的な構成」で書かれた小論文は、初心者にありがちで、しかも、そのほとんどは、中身の薄い、似たりよったりのビミョーな

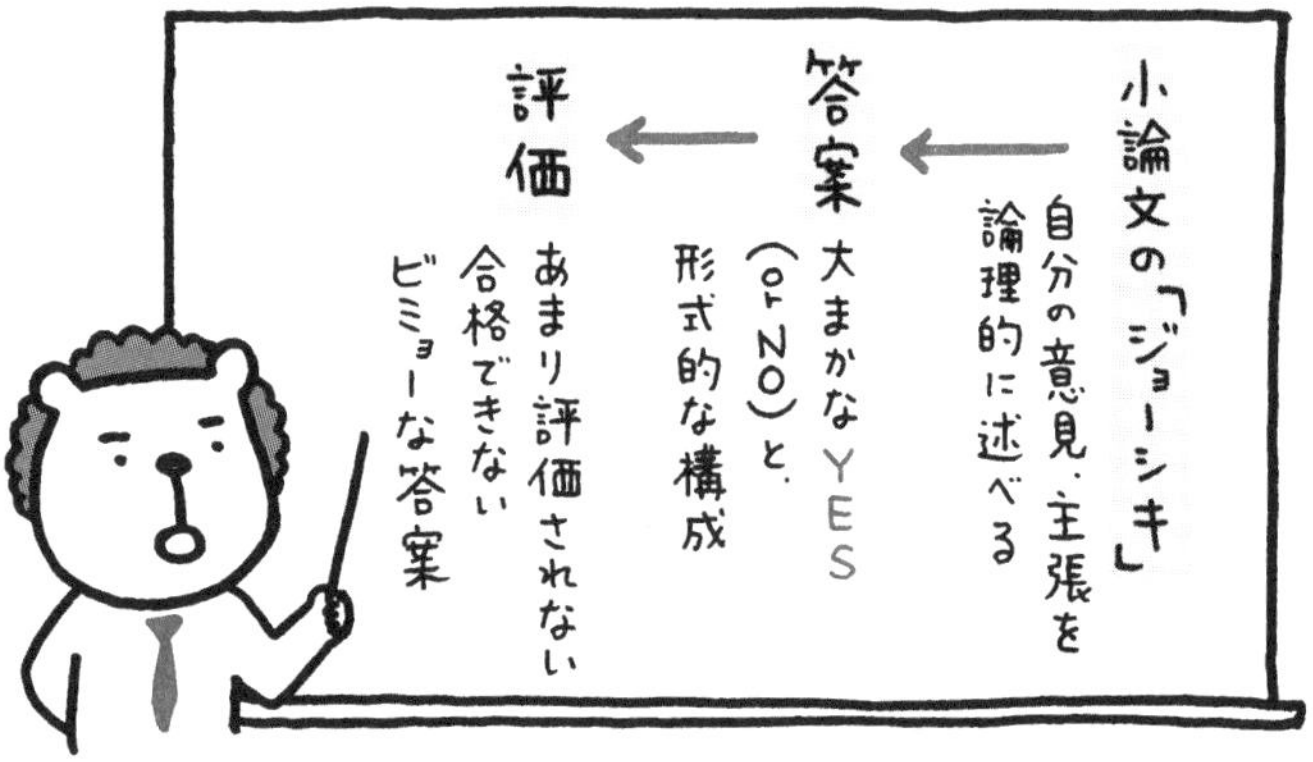

内容になります。したがって、結果として「あまり評価されない」のです。

「あまり評価されない」ならば、まあまあよいのでは？　と思うかもしれませんが、それは大きなまちがいです。たとえば、小論文の配点が大きい入試や、総合型選抜・学校推薦型選抜ならば、これだけで評価が下がり、結果、不合格になるということも十分あり得ます。決して甘く見てはいけないのです。

さあ、小論文についてまとめてみましょう。小論文とは、「自分の意見や主張を、論理的に述べる」ことが目的ですが、結果として出てくる答案は、「大まかなYES（or NO）と形式的な構成」となる、ということですね。そしてそれは、受験生が、「大学の評価」を「形式」で求めることが原因です。作文の場合とまったく同じ事態が小論文でも生じているのです。これでは多くの人が、書くことが嫌いになってしまうでしょう。やはり、評価される小論文を書くには、小論文の「ジョーシキ」を疑う必要がありそうです。小論文では、本当はどういうことが要求されているのか？　それをこれから一緒に考えていきたいと思います。

ここまでの話を右の図にまとめておいたので確認してみてください。

2 採点者が一瞬で読む気をなくす「ジョーシキ」答案とは？

採点者がうんざりするビミョーな答案例

前項で見たような、ありきたりな、だれでも書けるビミョーな答案が山ほど作成されたとしたら、それを読んで採点する大学の先生はうんざりしそうですね。うんざりされてしまったら、当然ながら低い評価しか受けられないでしょう。

そこで、本項では、**ジョーシキ**的な小論文が、どのようなプロセスで受験生によって作成されているのかを見ていきたいと思います。このプロセスが明らかになれば、採点者にうんざりされる小論文を書くことはなくなるはずです。

それでは、次の**例題1**を読んでみてください。

例題1　次の文章を読んで、後の問に答えなさい。

コミュニケイションの得意な人は、常に「元気で明るい」人ではありません。常に「元気で明るい」状態は人間として不自然です。

常に「元気で明るい」という呪縛《じゅばく》が「コミュニケイションは苦手だ」という意識を持つ人を大量に作っていると、僕は思っています。

僕は演劇の演出家を30年ぐらいやって、映画を撮ったり小説を書いたりしていますから、たまに接待《せったい》を受けることもあります。

じつは僕は接待が苦手です。僕を接待する人は、常に「元気で明るく」会話しようとする人が多いです。けれど、一緒に食事をしますから2時間前後、ずっと「元気で明るい」のは人間として不自然なのです。

親しい相手で会話が弾《はず》んだ場合ならあるかもしれませんが、たいていの接待は、「これからよろしくお願いします」という比較的馴染《なじ》んでない相手の場合が多く、よく知らない相手が2時間ずっと「元気で明るい」のはどうもおかしいと感じてしまうのです。

夜の飲食街を歩いていると、黒塗《くろぬ》りの高級ハイヤーやタクシーの前に、背広姿の男性達が集まり、「それでは失礼します！」とか「今日はありがとうございました！」なんて言いながら元気にお辞儀《じぎ》している風景にぶつかります。ハイヤーやタクシーが発進して見えなくなった瞬間、懸命にお辞儀していたサラリーマン達は、本当に深い溜《た》め息をつきます。「元気で明るい」仮面を瞬間的に取り去って、疲労と虚脱《きょだつ》の素顔《すがお》を見せるのです。

大変だなあと僕は同情するのですが、同時に、こんな「元気で明るい」接待を受けた方も大変だったんじゃないかなと勝手に心配するのです。

「必死に気を使っている」という状態は相手に伝わります。接待する側がリラックスすることなく、いつも気を使っている場合、それはそのまま、相手に伝わります。接待を受ける側に相手の緊張が伝わり、同じように緊張するのです。

ちなみに、電車の中の女子高生の集団にも、同じ現象を僕は見ます。元気で明るい笑顔でホームに降りた女子高生は、一瞬で真顔になります。本当に会話が楽しかったら、ゆっくりと普通の表情に戻るはずです。それが、一瞬で変わるということは「元気で明るく」会話しようと決めていたからだと、僕には思えるのです。

接待の話に戻れば、僕がほっとする飲み会は、相手の身体がリラックスしている時です。ゆるんでいる状態と言ってもいいです。そして、必要以上に微笑むことなく、楽な状態でいてくれる相手です。そういう場合は、僕の身体もゆるみ、コミュニケイションが楽に続けられるのです。

鴻上尚史『コミュニケイションのレッスン　聞く・話す・交渉する』（大和書房）

問　課題文をふまえて、あなたの考えを、６００字以内で述べなさい。

では、この課題文と設問に対する答案を読んでみましょう。

答案例1

コミュニケイションの得意な人は、常に「元気で明るい人」ではないと、筆者は述べているが、私はそうではないと思う。私は子どもの頃から、「元気にハキハキと」話すことを心がけていたし、それによって、他人とのコミュニケイションをうまく取ってきたと思っているし、コミュニケイションが得意だとも思っている。

しかし、常に「元気で明るい」という呪縛とはどういうことなのか。私自身、そんな呪縛に囚われているとは思わないし、もしも呪縛だったとしても、みんなが「元気で明るい」ならば、それにこしたことはないではないか。みんな楽しいのだから。

たしかに、あまり知らない人がずっと「元気で明るい」のは不自然なのかもしれない。しかし、ずっと元気がなくて暗い人と一緒にいるよりは、ずいぶんマシであろう。私の学校にも、私が知らない人はたくさんいるが、やはり「元気で明るい」人が大勢いる方が、学校の雰囲気もよく、みんなも楽しいのではないだろうか。

ただ、コミュニケイションが楽に続けられる状態が、自分も相手も身体がゆるみ、楽なリラックスした状態であるという筆者の主張には納得できる。楽な気持ちでリラックスできるということは、本当に仲のよい友だち関係であるということであろう。そういう友だちをたくさん持ちたいと私は思う。

「ジョーシキ」答案の量産プロセス(一)～失敗の典型例

この 答案例1 にたどり着くまで、解答した受験生はどのように考えたのでしょうか？ そのプロセスを見ていきましょう。まずは、課題文の要点を簡単にまとめます。

課題文の要点

- コミュニケイションの得意な人は、常に「元気で明るい」人ではありません。
- 常に「元気で明るい」状態は人間として不自然です。
- 常に「元気で明るい」という呪縛が「コミュニケイションは苦手だ」という意識を持つ人を大量に作っていると、僕は思っています。

- 「必死に気を使っている」という状態は相手に伝わります。
- 相手の緊張が伝わり、同じように緊張するのです。
- それが（笑顔が）、一瞬で変わるということは「元気で明るく」会話しようと決めていたからだと、僕には思えるのです。
- 僕がほっとする飲み会は、相手の身体がリラックスしている時です。
- 必要以上に微笑むことなく、楽な状態でいてくれる相手です。
- そういう場合は僕の身体もゆるみ、コミュニケイションが楽に続けられるのです。

次に、設問を読みます。「あなたの考えを述べなさい」と求められているので、自分の意見を表明する方法を選びます。その方法とは、参考書や塾で身につけた、**「YES　or　NOと形式的な構成」**です。

まず、課題文のまとめからいくつかを取り上げ、それぞれに**「YES　or　NO」**を示します。そして、その取り上げた点を四段落にわけて、とにかく並べます。これで一応「形式的な構成」が整いました（整ってないか？）。これで、「YES　or　NOと形式的な構成」に沿って仕上げた「ジョーシキ」答案の完成です。

では、肝心の内容はどうでしょうか？　ざっと講評してみます。

答案例1への講評

- **四段落それぞれに「YES or NO」を述べただけ。**
- **とくに第二、三段落は、強引に否定しているだけ。**
- **第四段落に至っては、友だちが欲しいという、別の話になってしまっている。**

この答案は、小論文の「ジョーシキ」を守ることだけが目的、つまり、内容よりも形式を優先してしまった、典型的な「ジョーシキ」答案の失敗例です。課題文をぶった切って並べているだけでは、うまく構成ができているとは言えません。おそらく、**かなり低い評価**にとどまるでしょう。

「ジョーシキ」答案の量産プロセス(二)〜一見よさそう？

では次に、別の答案例を見てみましょう。

答案例２

コミュニケイションの得意な人は、常に「元気で明るい人」ではない。常に「元気で明るい」という呪縛が「コミュニケイションは苦手だ」という意識を持つ人を大量に作っている。よく知らない相手がずっと「元気で明るい」のは不自然でおかしい。また、「元気で明るい」人を演じることを決め、「必死に気を使っている」という状態は、相手に伝わり、相手も同じように緊張してしまう。コミュニケイションが楽に続けられる状態とは、自分も相手も身体がゆるみ、楽なリラックスした状態である。筆者はこのように述べている。

私は筆者の意見に賛成だ。「元気で明るい」状態をずっと続けているのは、やはりシンドイだろうし、そういう人と接し続けるのも疲れるはずだ。相手が一生懸命気を使っていることが伝わってくるのも嫌なものである。こちらも気を使わなければならないからだ。それに対して、自然体の人と一緒にいるのは大変楽なものだ。相手が明るいときはこちらも明るく対応し、シンドそうなときは、黙ってそばにいるだけでよい。何も気を使わずこちらも自然体でいられると思う。「元気で明るい」人は、たしかにコミュニケイションが上手なように見えるし、ウケもよいのかもしれない。しかし、本当はコミュニケイションを不自然にしているだけなのだ。筆者の言うように、コミュニケイションが得意な人は「元気で明るい人」ではないのである。

答案全体を通して、一貫してYESを訴えているし、構成もよさそうです。読者のみなさんはどう評価しますか？　実際の試験ではどう評価されるでしょうか？

では、評価を急ぐ前に、ちょっと**答案例2**の作成者の気持ちになって、その考え方のプロセスを見てみましょう。

①まず、YESを表明しよう。そして、YESと表明したからには、その理由が必要だな。

YES（筆者への賛同）→ YESの理由

②しかし、これでは字数が埋まらない。形式としても、あまりに単純すぎる。どうしようか。そうだ、やはり、小論文の最後には結論が必要なんじゃないかな。

YES（筆者への賛同）→ YESの理由 → 結論（再びYES）

③それでももう少し、字数が必要だな。それに、唐突に筆者に賛同するのは、ちょっとおかしいかな。始めに要約しておくべきだろう。これで、答案の構想は完成だ。

課題文の要約 → YES（筆者への賛同）→ YESの理由 → 結論（再びYES）

さあ、**答案例2**に戻って読み直してください。

まず第一段落は要約です。33〜35ページに示した、課題文の重要なところの抜き出しを上手にまとめることができていますね。２５０字程度（２４１字）も字数を稼ぐことができました。

第二段落はＹＥＳ（筆者への賛同）から始まり、続いてその理由が示されています。課題文の引用をしながらＹＥＳであることを述べています。

第三段落は、再び筆者の考えへのＹＥＳを表明しています。筆者の最も言いたいことを取り上げ、筆者への賛同を示し直しました。結論が出た感がありますす。小論文として成立している感じがします。ということは、小論文の「ジョーシキ」は小論文対策に有効なのでしょうか？　読者のみなさんは、この答案例２をどう評価しますか？

焦《じ》らすようで申しわけありませんが、みなさん、もう一度、例題1の課題文と答案例1、2を読み直してみてください。そして、それらにどんな評価が与えられるか考えてみてください。次項では、僕の評価を示したいと思います。

3 「ジョーシキ」答案では合格できない理由

小論文の評価基準

みなさんは、小論文の答案がどのように評価されているかご存じでしょうか？

実は、小論文の評価基準に一律のものは存在しません。さらに、評価する人によっても異なるのが実情です。しかし、今までの指導経験上、評価された小論文、つまり、合格した生徒の書いた小論文は、すべて以下の基準にあてはまっているので、本書ではそれを、「小論文の評価基準」とします。

※当然ながら、この評価基準がすべての小論文の設問に対応しているわけではありません。今回は、小論文がどういうものかを理解しやすいよう、簡略化した評価基準を示しているということを理解しておいてください。

評価基準

①課題文をふまえているか。

〇：課題文に十分対応した答案になっている。

△：課題文を読み、利用しているが、十分対応できているとは言えない。

×：課題文をほとんど読んでいない。

②具体的に（自分なりに）考察することができているか。

〇：十分具体的に（自分なりに）考察することができている。

△：具体的に（自分なりに）考察しようという姿勢はあるが、不十分。

×：具体的に（自分なりに）考察しようという姿勢がほとんどない。

←

総合評価

A：①、②ともに〇 → 優秀な答案

B：①、②どちらかが〇で、もう一方が△ → 評価できるところがある答案

C：①、②どちらも△ → 平均的で凡庸な、ありふれた答案

D：①、②どちらかが×で、もう一方が△ → 大きな欠点のある答案

E：①、②どちらも×　↓　ほとんど壊滅的な答案

※①、②どちらかが○で、もう一方が×の場合も考えられるが、その場合、評価はCとなる。

前項の 例題1 の設問は、「課題文をふまえて、あなたの考えを、600字以内で述べなさい。」ですので、「課題文をふまえて」に対応するのが、**評価基準①**です。「あなたの考えを」が、**評価基準②**ということになります。

ただし、設問にとくに指示がなくとも、「課題文に対応して具体的に（自分なりに）論じる」というのは、小論文の基本中の基本だということはおさえておいてくださいね。

それでは、この評価基準に沿って、前項の 答案例1 と 答案例2 を評価してみたいと思います。

答案例1 への講評

総合評価「D」

①課題文をふまえているか ↓ **評価△**

- 課題文をぶつ切りにして、四段落にバラバラにわけているので、課題文全体の理解ができているとは言い難い。しかし、バラバラにしている部分自体はまちがえていないので、まったく読めていないとも言えない。
- 第二、四段落は、課題文を少々誤解しているとみなされるため、課題文理解は低い評価になる。それでも、引用自体はまちがえていないので、課題文をふまえようとはしていると言えるのかもしれない。

②具体的に（自分なりに）考察することができているか ↓ **評価×**

- 四段落それぞれに、ＹＥＳ（ｏｒ　ＮＯ）を言っているだけである。しかもバラバラに述べていて、思いつきで賛否を述べているだけのように思えるため、具体性はかなり低い。
- 第二、四段落は、内容的におかしいので、考察としてもおかしいと言える。

以上をふまえて、総合評価を行います。

①が△、②が×、ということは、評価は「D」ということになります。①も、かなりギリギリ△で、×に近いと言えます。だから、「Dマイナス」に近い「D」となります。ちょっと厳しい評価となってしまいました。

答案例2への講評

総合評価「Cマイナス」

①課題文をふまえているか → 評価△

- 第一段落で、全体要約を行っているので、課題文を読んでいることはわかる。要約も正確なもので、課題文理解という意味では悪くない。しかし本問では、要約を求められているわけではなく、要約をしたからといって、それ自体評価できるわけではない。
- 第二段落以降、課題文を引用し論述しているため、課題文をふまえているとは言える。しかし、たんなる引用でしかなく、課題文に十分対応して書いているとまでは言えない。

②具体的に（自分なりに）考察することができているか ↓ **評価** △

●第二段落は、課題文の引用と、それに対する同意をくり返しているだけ。これを自分の考察であるという人もいるのかもしれないが、たんにYESをくり返しているだけである。ただし、一貫して賛同を示しているし、具体的に考察しようという姿勢がまったくないとは言えない。

●第三段落も、筆者の意見に賛同していることを確認しているだけ。結論を書いたつもりなのだろうが、ここもYESのくり返しでしかない。ただし、これも、具体的に考察しようという姿勢がないとまでは言えない。

以上をふまえて、総合評価を行います。

①が△、**②が**△、ということは、評価は「**C**」ということになります。しかし、②がちょっとあやしいので、「**Cマイナス**」となります。

ということで、答案例2は一見よさそうに見えましたが、このような結果となってしまいました。

ちなみに、受験生全体のA～Eの評価の分布はどれぐらいになるでしょうか？　すごく大まかに言うと、受験生100人に例題1をテストした場合、A：数人、B：10人程度、C：60人程度、D：20人程度、E：数人、という具合です。

そうすると、答案例1の**「D」は「下の中」**、答案例2の**「Cマイナス」は「中の下」**となります。つまり、どちらも合格できない小論文、ということになってしまうのです。

第一章のまとめ

第一章では、小論文の**「ジョーシキ」**、つまり多くの人が「正しい」と思っている小論文の書き方では、受からない答案しか書くことができないことがわかりました。小論文の**「ジョーシキ」**では、字数を埋め、大まかな筆者への賛否を示すことはできますが、それ以上でも以下でもない、ということです。

ちなみにですが、これまで入試に小論文を導入する大学が増えてきた一方、毎年いくつかの大学が廃止しています。理由はおわかりですね。これまで見てきたように、同じような答案が量産されたため、評価の差異化が測れず、選抜方法として適さないと判断されたのです。たとえば、早稲田大学の第一文学部では、2003年を最後に、小論文が廃止されました。例年「個性重視」という出題者のねらいが、ありありと感じられる問題でした。しかし、学校や塾、予備校で、小論文の「**ジョーシキ**」が徹底されたため、凡庸で個性のない同じような答案が量産されました。これでは小論文を実施する意味がありません。そのため、廃止に至ったのではないでしょうか。

ここまでで、小論文でやってはいけないことがわかりました。

では逆に、何をすればいいのでしょうか？　その詳細を第二章で説明していきます。小論文とは何か？　だんだん明らかになってくるので楽しみにしておいてください。

小論文では、いわゆる小論文の
「ジョーシキ」は通用しない!!
心しておくように

第二章

合格する小論文に必要なこと

第一章では、一般的に信じ込まれている、
小論文の「ジョーシキ」とは何か?
そしてそれによって、評価されない答案が生じるプロセスを紹介しました。

そのことをふまえて、第二章では、本当に評価される小論文とは?
評価される小論文はどうすれば書けるのか?
じっくり解説していきたいと思います。

1 書くために必要な三つの読み方

小論文で出題される問題は、内容も形式も多種多様です。条件がないテーマ型から、計算をする必要のある自然科学系の問題まで、多岐にわたります。僕も予備校で教えていて、一問目と二問目で、別の教科を教えているように感じることさえあります。

しかし、その問題がテーマ型であっても、自然科学系の問題であっても、おさえておくべき小論文の基本は同じです。本章では、その基本についてくわしくお話ししたいと思います。

小論文が書けるようになるために最も重要なことは、**「読解力」**です。ここで言う「読解力」とは、課題文を読み解く力のことです。しかし、「読解力」といってもとても抽象的でわかりにくいですね。ですので、僕はいつも生徒たちには、この「読解力」

を身につけるために、三つの読み方を実践するよう教えています。

読解法①　筋道を理解する読み方
読解法②　自分の体験にあてはめる読み方
読解法③　自分の見解を見出すための読み方

「三つもあるのかぁ」という声が聞こえてきそうですが、大事なものはひとつです。この三つの中で最も重要なのは、**読解法②**です。課題文（他人）の考えを、自分の体験にあてはめて考察するという作業です。簡単に言えば「他人を理解すること」。「他者理解」とも言います。極端な話ですが、僕は予備校で1年間、**読解法②**ができるように教えていると言っても過言ではありません。

もちろん、この**読解法②**だけでは合格できる小論文は書けませんので、三つの読み方をバランスよく身につけることが必要です。

以下、この三つの読み方について解説します。

読解法①：筋道を理解する読み方

まず、**読解法①**です。みなさんは、小学校の国語の時間に、形式段落と意味段落にわける作業をした記憶があるでしょうか？ 念のために確認しておきますが、形式段落とは、文章の最初が一文字空けられているまとまりです。また、意味段落とは、内容的につながりのある、形式段落のまとまりのことですね。

この**意味段落の流れをつかむのが、読解法①**です。つまり、文章のある部分と、その次の部分が、どんな関係であるのかを把握していき、その文章が言いたいことを理解する、という作業です。

たとえば、前後の文章が、反対のことを言っているのか、同じことのくり返しなのか、原因と結果なのか、対比になっているのか、というような関係を読み取ることですね。

それは、言い換えれば、**筆者の考えを理解する**、ということです。そのため、できるだけ筆者の文言を使って、筆者の文章の筋道をまるごと理解する必要があります。

この**読解法①**は、小論文では、要約問題・説明問題として問われます。現代文でも要約問題がありますが、それは文章をひと言でまとめるタイプの問題が多いです。それに対し小論文では、文章全体の筋道の理解が求められるのです（最近の現代文の要約問題の傾向は、小論文に近いものが増えているようです）。

読解法②：自分の体験にあてはめる読み方

読解法①で読み取った課題文の内容をふまえて、その内容と自分の体験をあてはめて読む読み方です。くり返しになりますが、この**読解法②**が、小論文において最も重要な読み方です。

たとえば、課題文が「若者のコミュニケーション」だったとしたら、自分がふだん

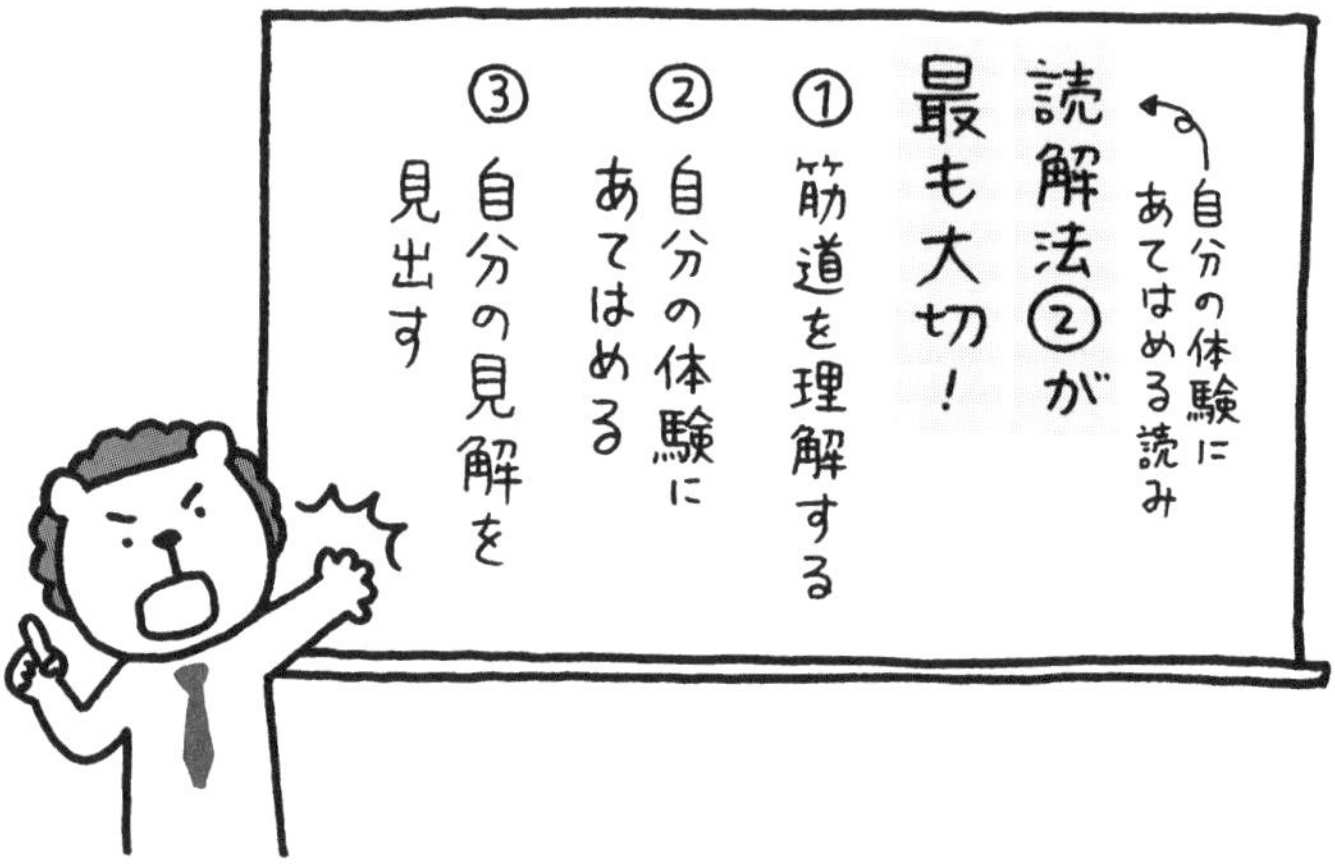
自分の体験にあてはめる読み
読解法②が最も大切！
①筋道を理解する
②自分の体験にあてはめる
③自分の見解を見出す

使っているＬＩＮＥの会話について思い出し、課題文の設問に答える、といった具合です。**読解法①**が、課題文、筆者の考えを理解する読み方なのに対し、**読解法②は、筆者の考えを、みなさんがのみ込み、消化して、自分なりの考えに引きつける作業**です。

この「自分の体験」は、だれかから聞いたり、何かを読んだりして得られた「第三者の体験」より、自分が実際に見聞きした直接体験が望ましいです。何といっても説得力がちがいます（もちろん、「脳死臓器移植」など、直接体験と重ねるのが難しいテーマの場合は、伝聞、仮定など、間接体験を重ねて考えます）。

そして、このような自分の体験を**「具体例」**と呼びます。この**具体例を通して考えることこそ、小論文で最も重要な作業**なのです。つまり、**読解法①**から**読解法②**に進むための読解力が、小論文を書く上での最大のポイントとなるわけですね。逆に言えば、この作業ができない人は合格から大きく遠ざかるのです。

読解法③：自分の見解を見出すための読み方

読解法③は、**読解法②**までで深めた自分なりの理解をもとに、**筆者とは異なる視点を見つけたり、筆者の見解を乗り越えたりする、高いレベルの課題文の読み方**です。

課題文を読むことで、だれも言っていない、自分独自の意見を言うことができる、とても有意義な読解の仕方です。小論文の問題で、「あなたの考え」を要求されたとき、本来、こうした読解ができることが、最終ゴールとして求められているのだと思います。

ただし、現実の大学入試でこの読解レベルに至ることは、ほぼあり得ません。入試の解答時間は、たった60分から90分です。課題文の筆者は、何年も、ときには何十年もかけて研究を続けてきた成果を、その文章にまとめています。受験生が、それを超えるような独自の読解を短時間で行うことはムリ、ということです（もちろん100％ムリ、というわけではありませんよ）。

この**読解法③**で読めるのが最も理想的です。ですが、現実には難しいので、結果として、**読解法②が最も重要**になってくるわけです。

読解法②で読んでみるとどうなるか？

第一章で取り上げた**答案例2**（40〜41ページ）を、ちょっと思い出してください。第二段落では、引用とYESがくり返されていました。実は、ここに自分の体験を持ってくるべきだったのです。この段落の課題文の引用は、

- 「元気で明るい」状態をずっと続けているのは、やはりシンドイ。

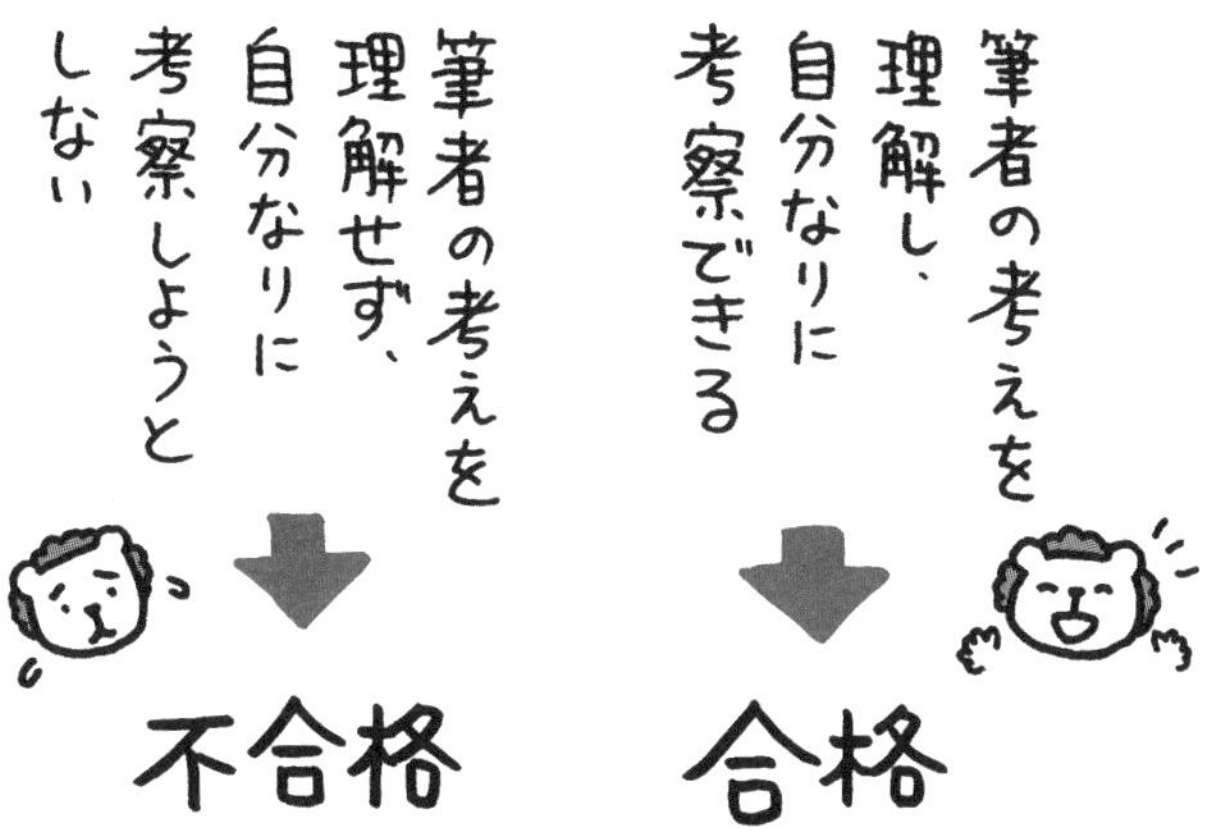
筆者の考えを理解し、自分なりに考察できる
合格
筆者の考えを理解せず、自分なりに考察しようとしない
不合格

●相手が一生懸命気を使っていることが伝わってくるのも嫌なものである。こちらも気を使わなければならないからだ。

●自然体の人と一緒にいるのは大変楽なものだ。

などでしたが、これらに「自分の体験」をあてはめる、つまり、「具体例」が入るだけで、評価がグッと上がることになるのです。

上の図は、シンプルではありますが、実は重要なことなので、強く意識してください。

② 合格する小論文に必要なことはたったひとつ

問題意識の共有ができればOK

ひとつの問題についてじっくりと話し合い、おたがいに理解を深めることを**「対話」**と言います。大学の学びでは、その「対話」がとても重要です。大学は、自分で見つけた問題を、ゼミのメンバーと「対話」をくり返し、学んでいく場所だからです。

ですから、受験生が大学に適応できるかどうか、**「対話」する力や姿勢を問うのが小論文**なのです。つまり大学は、受験生に、大学で学ぶために十分なコミュニケーション能力（対話能力）があるかどうかを測っているのです。

「自分は人見知りだからムリ！」と思った受験生も多いと思います。でも大丈夫です。

コミュニケーション能力とは、初対面でも仲良くなれるとか、大勢でワイワイできる能力ではありません。相手が言っていることをきちんと理解して、**問題意識の共有をすることができる力**のことなのです。

友人の恋愛相談を受けたら？

とは言っても、相手が言っていることを理解するというのは、言うほど簡単なことではありません。なぜなら、相手が体験したことを、自分は体験していないからです。ですので、自分の体験をあてはめる際にとても大事なことは、課題文の内容を自分の問題として考えるということなのです。つまり、その問題について当事者意識を持つ、もしくは相手に感情移入するということです。自分とはまったく関係ないこと、他人事と思ったままでは相手と問題意識は共有できません。しかし、とても仲のいい友人から悩みを打ち明けられたとしたらどうでしょうか？

たとえば、あなたは、親友から、恋愛の相談を受けたとします。「Aさんのことが好きになったのだけれど、告白しようかどうしようか迷っている」という悩みを打ち明けられました。みなさんならどうしますか？　よっぽどの事情がない限り、無視はしないでしょうし、「好きにしろよ」などと、見捨てたりもしませんよね。親友の真面目な相談なのですから、きちんと聞くはずです。実は、この友人の恋愛相談についても、先ほど学んだ**読解法①**と**読解法②**が使えるのです。

まずは、**読解法①**です。「Aさんのことが好きになった」「告白しようかどうか迷っている」という、親友の話の筋道を、きちんと理解するはずです。どういういきさつで好きになったのか、どんなところが好きなのか、どれぐらい本気なのか……などなどくわしい事情を聞きます。これでおおよそのことがつかめるはずです。これが、話の「筋道」が理解できた、ということです。

次に**読解法②**です。そう、自分の体験にあてはめるのです。「もし、自分だったら、Aさんに告白するかどうか」「自分の今までの恋愛体験から考えるならばどうか」などと、考えてあげるのではありませんか？　そして、自分だったらどうかという考えを、親友に伝えてあげるのです。親友はどう思うでしょうか？　当然、うれしいに決

まっています。悩みに一緒に向き合ってくれるあなたの存在に感謝するはずでしょう。これが、感情移入する、当事者意識を持つ、つまり、**問題意識を共有する**ということなのです。人は、自分のことを理解してもらえたらうれしいものです。

「愛の反対は憎しみではなく無関心です」

というマザー・テレサの有名な言葉があります。相手に関心を示すということは、人としても大事なことということわけですね。

小論文はなぜ、難しく感じられるのか？

「問題意識の共有の仕方はわかった。でも、実際に小論文を書くとなると別問題」という声が聞こえてきそうなので、小論文で問題意識の共有が難しく感じられる理由を説明しておこうと思います。

大学入試の問題を作成しているのは、大学の教員です。教員の多くは、専門的な学問を研究している人、つまり学者です。また、ほとんどの場合、受験生とはだいぶ年齢の離れた「ベテラン」と言える方々です。問題作成者は、受験生のみなさんが、ふだんあまり接しないタイプの人々とも言えます。極端な言い方をすれば、受験生のみなさんから見ると感じ方も考え方もちがう、**「異文化」の人間**と言ってよいでしょう。

その「異文化」の人が作成する問題、そして、その課題文が発信する問題意識は、受験生にはなじみが薄いものばかりである可能性が大です。ということは、先ほどの友人の恋愛相談と同じように、親身になって聞くことはできないかもしれません。受験生にとって小論文が難しく感じられる理由はここにあります。

「異文化」を受け入れる方法

では、その「異文化」の人たちと問題を共有するためにはどうしたらよいのでしょうか？　この方法がわかれば小論文は難しく感じられないはずです。

突然ですが、僕は大阪生まれです。両親や親戚もほとんどが大阪の人間です。それから、広島で育ち、大学に入るときに東京に出てきました。関西、とくに大阪は、江戸時代から商業の街として栄えていました。商売をうまく進めていくには、お客様（＝知らない人）とコミュニケーションをとる必要があります。つまり、初対面の人との接し方がとても重要になってくるのです。そのような背景があるため、今でも、街中で知らない人に声をかけるのは当たり前ですし、ときにはツッコミを入れたりもするのです（もちろん、大阪の人すべてがそういう人ではありませんよ）。

そんな「文化」の中で育ったため、東京で暮らし始めたときは、「東京の人は冷たい」と感じました。初対面では一定の距離を置かれることが多かったため、東京での一人暮らしは、少し寂しさを感じながらのスタートだったことをよく覚えています。

しかし、しばらくすると、東京出身の友人も増え、少しずつ東京の「文化」にもなじんできました。そこで気がついたのは、東京の人は、付き合い始めの頃は距離をとり、その後、少しずつその距離を縮めていき、最終的には、ものすごく仲良くしてくれる、ということでした。

これはあくまで僕個人の見解ですが、東京は、全国からいろいろな人が集まってきますし、最近では世界中のあちこちから人が訪れます。文字通り、「文化」がぶつかり合います。そこで、いろいろな背景の人たちとうまくやっていく方法として、まず初めは一定の距離をとり、相手の様子をうかがうのではないかと僕は考えました。そういう背景が理解できたので、僕は、「異文化」と感じた東京の人を受け入れることができました。その結果、僕が今まで経験した大阪、広島の「文化」とはちがう、新しい世界を味わうことになったのです。

以上が僕の経験談です。

この話、問題意識を共有することと関係あるの？　と思った方、実は大ありなのです。僕の経験は**「異文化コミュニケーション」**というほど大袈裟なものではありませんが、自分とはちがう考え方や習慣を持つ人に触れたとき、

「え？　理解不能なんだけど……」

ではなく、

「へ〜すげ〜面白い！」

という、相手を受け入れる思考パターンを作ります。この思考パターンは、相手と問題意識を共有する、つまり、小論文が上達する大事なポイントなのです。

とは言っても、自分とは異なる考え方を受け入れることは簡単ではありません。もしあなたに、ちがう考えの人を避ける傾向があるなら、

「なるほど、そういう考え方があるのか！」

と心の中で唱えてみてください。少しずつ思考パターンが変わってくるはずですよ。

異なる考え方の人とコミュニケーションをとり、相手を理解し、**問題意識の共有を行うことは、社会の中で他者とともに生きていく上で大切な態度**です。簡単に言えば、周りの人々と、うまく、仲良くやっていくための力ということです。

また、現在のグローバルな状況において、問題意識の共有はますます重要になっていくはずです。たとえば、アメリカの某元大統領のような、超自己（自国）中心的な人と仲良くやっていくことができるのでしょうか？　突飛な話に思うかもしれませんが、そういうことなのです。世界には、自分とまったく異なる文化、価値観、思想の人間が存在します。しかしそれでも、異文化の人間と仲良くしていかなければならない世界になっているのです。ですから、グローバルな人材の育成を目指している大学が、「異文化コミュニケーション」によって問題意識が共有できるかどうかを試そうとするのも、うなずけることなのです。

3 問題意識が共有された答案の評価

問題意識が共有された答案例

ではここで、問題意識が共有されるとどんな答案が書けるのか、第一章で紹介した、例題1に対する、評価される答案例を紹介したいと思います。

本章の冒頭で説明した、**読解法①②③**という手順をふんで作成されているということを意識して読んでほしいと思います。もう一度、**読解法①②③**を示しておきますね。

読解法① **筋道を理解する読み方**
読解法② **自分の体験にあてはめる読み方**
読解法③ **自分の見解を見出すための読み方**

答案例3

部活で遠征試合に行った帰りの電車内でのことだった。そんなに話したことのない女子部員と二人きりになった。私は気まずい沈黙を避けようと、必死になって共通の話題を見つけ、とにかくしゃべり続けたのだ。彼女はずっと笑い転げていたように思う。そして、私より一つ前の駅で彼女が降りて行くのを見送ったとき、妙な達成感とともに、どっと疲れが出たのを覚えている。多分、私以上に彼女も疲れたのではないか。私の、コミュニケイションをとる方法は、失敗だったのだ。「元気で明るい」コミュニケイションが素晴らしいという呪縛に、私も囚われていたのだろう。

その後しばらくして、彼女とは、大変仲良くなった。今では、とくに「元気で明るく」することもなく、自然体で付き合うことができる。この間、かつての電車でのできごとについて話をした。やはり互いに気を使い合っていたことが確認でき、二人で大笑いした。ただ、このときわかったのだが、あの「元気で明るい」気遣いは、相手を思いやるもので、相手の優しさなのだということだ。その気遣いがあったからこそ仲良くなれたのかもしれないと、今では思う。筆者の言うように、「元気で明るい」コミュニケイションは不自然だ。だがそれは、意味もなく長く続けることに問題があるのではないか。初対面のときは、ある程度「元気で明るく」接し、頃合いを計って徐々に自然体にしていく。そのあたりがコミュニケイションの極意なのだろう。

答案例3への講評

総合評価「Aマイナス」

第一段落、いきなり具体例で始まっていますが、課題文の女子高生の話と重なっていることは明らかです。「接待を受ける側に相手の緊張が伝わり、同じように緊張するのです。」「それが、一瞬で変わるということは『元気で明るく』会話しようと決めていたからだと、僕には思えるのです。」というところをふまえて自分の体験を紹介しています。さらに、課題文の「常に『元気で明るい』という呪縛が『コミュニケイションは苦手だ』という意識を持つ人を大量に作っている」という部分についても考察がなされていますね。

第一段落を読んだだけで、**読解法①**、つまり課題文の内容を理解しているのだなということがうかがえますし、その内容を自分の体験にあてはめる**読解法②**もクリアしていると言ってよいでしょう。ここまでで、小論文にとって最も重要な**読解法①②**が行われているため、この答案は一定以上の評価を受けるはずです。

さて、第二段落は、元気で明るいコミュニケイション自体は、他者を思いやる心の表れであり、長く続けることが問題なのだと述べています。課題文の「2時間前後、ずっと『元気で明るい』のは人間として不自然なのです。」というところを意識した見解で、作成者独自の見解とまでは言えませんが、自分なりの考えを打ち出そうという姿勢は、**読解法③**に入ろうとしているとみなすことができ、十分評価してよいと思います。

45ページの評価基準に沿って評価するならば、

①課題文をふまえているか　↓　評価〇
②具体的に（自分なりに）考察することができているか　↓　評価〇

です。ただし考察自体は、独自性が高いとは言えず、課題文の範囲内のものであるため、少し評価は下がります。

したがって、総合評価としては「**Aマイナス**」もしくは「**Bプラス**」。まずまずの評価、といったところです。

第二章のまとめ

ここまで、読んできてもらいましたが、小論文とは何か？　またどのように勉強すればいいか？　少し見えてきたでしょうか？

小論文とは何か？

すごく簡単にまとめると、

「課題文読解と具体例」を意識する

ということです。

では、第三章では、さらに上手に書けるようになるための例題を、一緒に考えていきましょう。

これまでのまとめ

小論文とは何か？

小論文とは、他者理解のための
問題意識の共有を図る
コミュニケーションツール

↓

課題文読解と
具体例の提示

「課題文読解と
具体例」が
大切なんですね！
そうそう！

Column

どうしても文章を読むのが苦手な人に

文章を読むのがどうしても苦手で……、という人は多いと思います。どうすればよいか？　答えは、練習するしかない、です。ですので、どんな練習をすればよいのか、効果的な読解の練習法を提案しますね。

1. 段落番号をふる
2. 各段落をひと言でまとめる（自分だけにしかわからないメモで大丈夫です）
3. 段落の前後の関係を示す

- 同じ内容のくり返し　⊜
- 反対の内容　↕
- 原因（背景）と結果　↓
- 結果と原因（背景）　↑
- 対比　<>

これだけではわかりにくいでしょうから、具体的に、示してみますね。

① テーマ設定：若者のコミュニケーションの希薄化
↑
② 例１：SNSのやり取り
⊜
③ 例２：学生の付き合い方の変化
↕
④ 例３：合唱コンクールでの盛り上がり
↓
⑤ 結論：たんなる希薄化ではなく、コミュニケーションの変化

以上のようなことを、課題文に沿ってメモしてみてください。文章全体の構造を意識して読むことの訓練になります。慣れてくれば、メモをしなくとも、全体を把握できるようになります。楽な方法ではありませんが、続けていれば確実に効果が出ますので、やってみてください。

第三章

合格する小論文の実践トレーニング

本章では、小論文が上達するための
実践的なトレーニングを行います。

例題に対しての解答例や答案例をいくつか読んで、
課題文にどのように対応するのか?
合格する小論文はどのように書くのか?
ぜひ考えながら読み進めてください。

1 確実に合格に近づく読み方

まずは、読解法①で読む

まず、第二章で紹介した、**読解法①**で、次の**例題2**の課題文を読んでみてください。しつこいようですが、**読解法①**とは、文章の筋道、どのような流れで書かれているのかを読み取ることです。

例題2 次の文章を読んで、後の問に答えなさい。

前略

あなたは、日銀が何をしているところかご存じですか？

中学校や高校で一生懸命勉強して、それ相応の知識を持っている人は得意満面にこう答えるかもしれません。

「日本銀行とは日本の中央銀行で、銀行券の発行ができ、市中銀行及び政府に対する貸し出しや国庫金の収支業務を行う銀行です。また、金利の操作や公債の受け渡し・回収を通して通貨の増減を図っています。いわば発券銀行であり、銀行の銀行であり、政府の銀行でもあります。」

と。

なかなか立派な解答だと思います。

経済学の教科書にもこのように書いてありますから、模範解答として、満点をもらえそうです。

では、日銀とはどんなところか、小学生に説明してみてください。

「日銀は発券銀行でね……」と言ったとたん、彼らは、

「ハッケンギンコウって何ですか？」

と聞いてくるでしょう。「何をハッケンするの？」と聞かれて、小学生が「ハッ

ケン」を「発見」だと誤解していることに気づくかも知れません。

もう少し噛み砕いて「お札を発行する銀行なんだよ」と説明しても、

「エーッ？　お札を発行するって、私たちにお金をくれるの？」

なんて聞かれてしまいます。

相手は手強い。

なぜ手強いかというと、素朴な疑問を持って、それをそのまま口に出すからです。

「日銀は市中にお金を供給しているんだよ」とでも言おうものなら、

「シチュウって何？」

「キョウキュウするってどういうこと？」

と聞かれるでしょう。

実はそうした素朴な疑問こそ、往々にして本質を衝《つ》いているものです。

子どもたちから矢継ぎ早にそうした質問を受けていると、

「あぁ、自分は日銀について、本当にわかっているんだろうか。いや、何もわかっていないんじゃないか」

ということに気づかされます。

これは、私自身が「週刊こどもニュース」というテレビ番組で経験したことでもあります。

「伝える」ために大事なこと。

それはまず自分自身がしっかり理解することです。自分がわかっていないと、相手に伝わるはずがないからです。

池上彰『伝える力』(PHPビジネス新書)

問 **筆者の主張に対するあなたの考えを、600字以内で述べなさい。**

この課題文は、日本銀行(日銀)がどのような機関なのかということについて、小学生と会話しているものです。

それでは早速、内容を整理してみましょう。課題文を確認しながら、筋道を確認してください。**読解法①**ですよ。

● 要点①（始めから12行目まで）

筆者の問いかけ 日銀は何をしているところか

答　日銀は日本の中央銀行で、銀行券の発行が……

↓ **筆者の説明** 模範解答として満点

● 要点②（13行目から17行目まで）

筆者の問いかけ 小学生に説明せよ

答　日銀は発券銀行でね……

↓ **子どもの質問** ハッケンギンコウって何ですか？

↓ **筆者の説明** 小学生が「ハッケン」を「発見」だと誤解していることに気づく

● 要点③（18行目から23行目まで）

答　お札を発行する銀行なんだよ

↓ **子どもの質問** 私たちにお金をくれるの？

↓ **筆者の説明** 素朴な疑問をそのまま口に出すから手強い

●要点④（24行目から32行目まで）

答 日銀は市中にお金を供給している

↓

子どもの質問 シチュウって何？

キョウキュウするってどういうこと？

↓

筆者の説明 素朴な疑問こそ本質を衝いている

自分は日銀について何もわかっていないんじゃないか

●まとめ（33行目から終わりまで）

伝えるために大事なことは、自分自身がしっかり理解すること

自分がわかっていないと、相手に伝わるはずがない

以上がおもな内容です。

さらに、全体を大まかにまとめると、次のようになります。

● **子どもに伝えるためには模範解答ではダメ**

↓ **子どもは素朴な疑問を口に出すが、それは本質を衝いているから、なかなか伝えることができないのである**

↓ **伝えるためには自分自身がしっかりと理解すべきだ**

というところでしょう。話の筋道がつかめましたか？　これで、**読解法①**で読む工程は完了です。

次に、読解法②で読む

さて、設問では、「筆者の主張に対する」ことと、「あなたの考え」を述べることが要求されています。筆者の見解について、自分なりの考察をするわけですが、そのために必要な読み方は？　そう**読解法②**です。

読解法②は、自分の体験にあてはめる読み方でしたね。

今回の例題では、

「物事を伝えるためには、自分自身で本質を理解することが大事」

という筆者の見解にぴったりとくる具体例を想定しなければなりません。みなさんならどんなことを書きますか？　少し考えてみてください。

- **だれかに何かを教えた経験があるか？**
- **そのとき相手は理解してくれたか？**
- **もしくは理解してくれなかったか？**
- **もし理解してもらえなかったとしたら、何がいけなかったのか？**
- **相手の理解力が足りなかった？　それとも自分の説明がいけなかった？**

たとえば、「伝えることができなかったが、本質を理解し、説明の工夫をすれば伝わった」という具体例が書ければいいわけです。

ここでは、僕の解答手順を見てもらいたいと思います。

僕は、以前、母にパソコンを教えた経験があるのですが、なかなか理解してもらえませんでした。この経験を具体例として書くことにします。

- 母にパソコンを教える。
- 「デスクトップにファイルをたくさん貼り付けたら動きが遅くなる」「デスクトップにファイルを貼り付けるのはメモリにファイルを置くのと同じ……」という模範解答を教える。

↓失敗、伝わらない

- 母はメモリ、ハードディスクなどの用語を理解していないから、模範解答は理解できない。
- 本質的なことを考えてみた。あらためて言葉で説明するのは難しい。

↓本質を理解していないから

・「ハードディスクは冷蔵庫、メモリはまな板、ファイルは食材。冷蔵庫の食材を出し、まな板の上で調理する。まな板に食材を置き過ぎたら料理が進まない。パソコンも同じこと。」という置き換え、たとえ話で説明。

↓母は理解したようだ

「自分も同じような体験をしたことがある」と言えたことで、出題者と問題意識を共有することができました。これで**読解法②**が完了です。

最後に、読解法③で読む

そして、次に考えるのは「具体例から何が言えるのか」です。**読解法③**の、自分なりの考えを示す、ということですね。これを具体例の中で考えてみましょう。

・伝え方を工夫することで、私自身の理解が深まっていった。

・自身の理解が相手の理解を生む。

- 理解するということは、情報を増やすことではあるが、自分なりに理解し直し、自分の問題として捉え直すことが大切。
- それを伝達できる状態に持っていけるかどうかで（工夫できるかどうかで）、自身の理解の度合いをはかることができる。

課題文の、「自分自身がしっかり理解すること」という見解を利用し、さらに、「伝え方の工夫」ということを、自分なりに加えました。

それは、自分なりの見解を示そうとしているため、**読解法③**に少しだけ足を突っ込んでいることになりますね。

それでは僕の作成した**解答例**を示します。これまでの説明をふまえて、読んでみてください。

解答例

母に、パソコンを教えてくれと頼まれた。「デスクトップにファイルをたくさん貼り付けたら動きが遅くなる」と言うと、母は「どうして」と理由を尋ねた。「デスクトップにファイルを貼り付けるのはメモリにファイルを置くのと同じ……」と説明した。すぐ、ちんぷんかんぷんな母の表情がうかがえた。メモリ、ハードディスク等、用語を理解していないのだから、仕方がない。そこで、メモリとは何かという本質的なことを考えてみた。あまりに当たり前のことなので、あらためて言葉で説明するのは難しい。筆者の言うように、きちんと理解していないと説明も伝えることもできないのだ。そこで、説明方法を考えてみた。「ハードディスクは冷蔵庫、メモリはまな板、ファイルは食材。冷蔵庫の食材を出し、まな板の上で調理する。まな板に食材を置き過ぎたら料理が進まない。パソコンも同じこと。」正しい説明かどうかはわからないが、母は腑《ふ》に落ちたような顔をしていた。

これは、伝え方を工夫することで、私自身の理解が深まっていったということだろう。そして、それが相手の理解を生むのだ。理解するということは、ある対象についての情報を増やすことだというのはまちがっていない。しかし、深く知るだけではなく、自分なりに咀嚼《そしゃく》して理解し直し、自分の問題として捉え直すことが大切だ。また、それを伝達できる状態に持っていけるかどうかで、自身の理解の度合いをはかることができるのである。

いかがでしょうか。自分で書いたものを、自分で評価するのは少々気が引けますが、評価してみます。みなさんは、僕の評価が妥当かどうか、疑いながら読んでください。

総合評価 「A」

①課題文をふまえているか ↓ 評価 ○

- どのように伝えるか、本質的な理解が必要といった、課題文の内容を引き受けているため、十分課題文をふまえていると言える。
- 課題文にある、子どもの素朴な疑問に対応した具体例が出ているので、課題文をふまえていると言える。

②具体的に（自分なりに）考察することができているか　↓　評価○

●自分の体験に基づいた、適切な具体例が提示されている。

●伝えること、本質的な理解が必要なことなど、課題文について考えている具体例である。厳しめの評価として、解答例最後で考察が深められたとは言い難いとするならば、「**Aマイナス**」です。

みなさんは、どう思いますか？

2

答案例から学ぶ

例題2 → 答案例4

では、受験生が書いた答案例4も読んでみましょう。どう評価するか、みなさんなりに考えながら読んでくださいね。

答案例4

子どもに伝えるためには、模範解答ではダメである。子どもは、説明されている言葉を誤解するからである。子どもは素朴な疑問を口に出すが、それは本質を衝いているから、なかなか伝えることができない。伝えるためには自分自身がしっかりと理解すべきだ。以上が筆者の述べていることであるが、私は筆者の意見に賛成である。

子どもにとって「発券銀行」は、難しすぎる。「発見」と思って当然なのだ。また、「市中」は、それほど難しくはないものの、「シチュー」と誤解しやすいだろう。私には幼稚園生の弟がいるが、いろいろなことを説明するとき、誤解されることが多い。子どもに何かを伝えるときは、誤解されることを注意しなければならないだろう。

しかし、誤解を恐れていては、何も説明できないと主張する人もいるだろう。たしかに、誤解に気をつけてばかりいては、話すことができなくなると思う。だが、やはり誤解には気をつけるべきである。誤解されることで、友だちを失うことになったら大変だからだ。

したがって、伝えるときには、しっかりと物事の本質を理解し、誤解されないように注意しなければならないという、課題文の筆者の意見は正しいと思うのだ。そしてとくに、子どもに伝えるのは難しいので、じっくり考えて話す必要があると考えている。

答案例4への講評

ここでは、僕がふだん予備校で行っている小論文の講評と同じ形式で、内容の講評をしてみます。

僕はいつも、受験生の答案に対して赤ペンで講評しているので、ここでも、雰囲気を出すために、色付の文字で講評します。

課題文の要約を行い、賛成の立場を表明した上で、子どもは誤解をするので、誤解しないように、伝える側は本質を理解すべき。以上が本答案の内容である。

第一段落の要約は、具体例だらけの課題文を、うまくまとめていると言える。この点は、一応評価できるだろう。

さて、第二段落以降は、子どもは誤解するという話に展開していく。たしかに、一般的に子どもは誤解しやすいし、課題文の子どもも単語の誤解をしているため、述べていることはわかる。しかし、誤解を避けることと、本質を理解することが、第四段落で唐突に出てきて、どうしてつながるのかが説明できていない。したがって、課題文の筆者への大まかな賛同と大まかな理由というレベルを超えなかったのである。
第二段落で、幼稚園児の弟の話が出てくるが、ここをもっと具体的にすべきだったのだ。弟の質問が、どのような意味で本質を衝いたものなのか。そして、そのためどんな誤解が生じたのか。そこが聞きたかったのである。第三段落は、ほとんど中身のない、大まかな反論と再反論でしかない。この部分を省略して、弟の具体例を示すとよかったのではないか。

評価（45ページの評価基準に沿って評価する）

①課題文をふまえているか → **評価** △

②具体的に（自分なりに）考察することができているか → **評価** △

総合評価「C」（全体的にあまり考察がないとして、「Cマイナス」とするかもしれない）

例題2 → 答案例5

さらに別の受験生の**答案例5**も見てみましょう。

これも、どう評価するか、みなさんなりに考えながら読むことに加え、**答案例4**とも比較してみてください。

答案例5

小学生に「発券銀行」や「市中」などと説明しても、理解できないのは当たり前である。「ハッケン」と言えば「発見」だと思うだろうし、「シチュウ」は食べ物の「シチュー」を想像するだろうからだ。それに、説明する方が、「発券銀行」という言葉を、本当にしっかり理解しているのかと言われれば、そうではない気もする。当たり前すぎて、考えたこともないからかもしれない。理解していないので、伝えられないのである。このように考えると、筆者の言うことは、大いにうなずけるのである。

しかし、本当に理解するというのはどういうことだろうか。「発券銀行」は、紙幣を発行する銀行という意味であるが、「紙幣」「発行」「銀行」を理解していない子どもには、その言葉も説明する必要があるのだ。「紙幣」は紙のお金、「発行」とは紙に印刷して町中に行き渡らせることで、「銀行」はお金を預けたり、借りたりするところ、というところだろうか。でもまた、「印刷」は？ということにもなりかねない。これではきりがないのである。

とすると、どこかであきらめて、ある程度伝わらないかもしれないけれど、大体大まかに伝われればよいと考えるべきではないか。ただ、子どもなど、物事をよくわかっていない人に説明するときは、大まかに伝えることが大切だが、あまり大まかな伝え方ばかりしていては、自分自身の理解がおろそかになるかもしれない。本質を理解し、説明するということを心がけておきたい。

答案例5への講評

第一段落で、「当たり前すぎて、考えたこともない」から理解できていないとしたが、第二段落では、言葉を分解して本当の理解を進めたらきりがないのだと述べた。

これはなかなか面白い視点である。独自の具体例の提示はないが、課題文の会話を自分なりに分析しているのは評価できる。

しかし、第三段落で、「大まかに伝わればよいと考えるべき」や、「本質を理解し、説明するということを心がけておきたい」という、心がけやスローガンにとどまってしまい、深い考察に至らなかったようである。

第二段落の、言葉の分解は、第一段落の、当たり前すぎて、考えたこともないことをあえて考えてみることではないか。そして、そのことで、自分なりの理解が深まったのではあるまいか。第三段落以降、どこまで理解すべきかどうかということよりも、自分の理解の深まりについて、どのように深まっていったのかを明らかにしていけばよいだろう。そうすれば、どこまで伝えるべきか判断することもできるのではないか。

評価（45ページの評価基準に沿って評価）

①課題文をふまえているか → **評価** ○

②具体的に（自分なりに）考察することができているか → **評価** △

総合評価「B」（第三段落のスローガンを低く評価し、「Bマイナス」とするかもしれない）

第三章のまとめ

ここまでで、合格できる小論文に必要なことを学ぶことができました。簡単にまとめてみますね。

課題文をふまえていることは最低限必要で（読めていなければ論外）、具体的に（自分なりに）考察することがポイントです。そして、何よりも重要なのは、自分の体験と重ねた「具体例」です。最初はなかなかうまく出てこないかもしれません。そのときは、本書の答案例と自分が書きそうな答案とを見比べてみてください。見比べて考えているうちに、そして、数をこなしているうちに必ずコツをつかむことができます。この作業をくり返しているうちに上達し、合格通知をつかんできた受験生を何人も見てきました。ぜひ根気よく取り組んでください。

Column

どうしても文章を書くのが苦手な人に

私は文章を書くのが得意だ、という言葉を、ついぞ聞いたことがありません。もちろん、本当は得意なのに、謙遜して言わないでいる人もいるのでしょうが、文章を書くことに、強い苦手意識を抱いている人は少なくないと思います。

どうしても苦手で何も書けないという人は、意外かもしれませんが小論文の「ジョーシキ」を使うことをおすすめします。僕がこの本で批判している、小論文の「ジョーシキ」をすすめるのは変ですが、僕は小論文の「ジョーシキ」を全否定しているわけではありません。

第一章の例題１、答案例②を見てください。小論文の「ジョーシキ」を駆使して、「あまり評価されない」答案が作成されていますが、逆の見方をするならば、中の下の答案までは書けるということですね。つまり、要約→賛成→理由（課題文の引用）→賛成、という流れにしたがって書いてみるのです。上手い下手は気にせず、とにかく形式通りに書いてみてください。字数は埋まるようになるのではないでしょうか。

そして、ある程度、字数が埋められるようになったら、「理由」のところに、自分の体験を入れるようにしてみてください。課題文の引用を、自分の体験のように話す訓練をするのです。

この本では、否定的に捉えた小論文の「ジョーシキ」ですが、いったんそのジョーシキにはまって、それから、僕が訴えた小論文の考え方に近づいてくるという道もあるのです。時間はかかるかもしれませんが、やってみる価値はありますよ。

第四章

合格する小論文勉強法

理論を学んだら、あとはトレーニングをくり返します。

しかし、やみくもにやるのではとても効率が悪いため、本章では、具体的に、どのような学習をしていけばよいか、そのポイントを紹介します。

小論文は、どのように勉強したらいいか、
勉強の仕方自体わからないという受験生も多いと思います。
効率のいい小論文勉強法を、本章でお伝えしたいと思います。

1 採点・添削・講評の受け方

書いたらだれかに評価してもらう

小論文は、英語や数学とちがい、自己採点が難しい科目です。ではどうしたらいいでしょうか？　方法はひとつしかありません。だれかに読んでもらい、**採点・添削・講評**してもらいましょう。

自分の書いた小論文を見せるのは、ちょっと気が引けるかもしれませんが、合格するレベルに達するためには必要な工程です。採点・添削・講評してもらうことで、自分の作成した答案がどのぐらいのレベルで、どういう点が評価され、どこを修正すべきかがわかります。

アドバイスできる人が少ない現実

だれかに見せなくてはいけないといっても、だれに見せればいいでしょうか？　塾の先生？　予備校の先生？　学校の先生？

実は、これはとても重要なポイントです。残念ながら、小論文を専門にしている講師や先生は少ないのが現実です。学校では、小論文を教える決まりはありませんし、小論文対策の授業を行っている塾・予備校も多くはありません。ですから、採点・添削・講評をお願いしても、文章チェックや形式を整えてくれるだけで、内容的なところまで指摘してもらうことは難しいのです。

しかし、適切なアドバイスをくれる講師や先生は皆無ではありません。

評価してもらう人の選び方

よい指導者は、具体的な指摘をしてくれます。

たとえば、こんなアドバイスをくれる先生は、確実によい指導者です。

「この部分から、〇〇のような考察に展開できるのでは？」
「具体例を〇〇と修正した方がよい」

など、どこをどうすべきかをはっきり教えてくれる先生です。バンバン指摘してもらいましょう。

一方、残念な指導者は、形式的な文章作法しか指摘しません。内容に触れないコメントだけでは、小論文は、ほとんど上達しません。

また、「ここをくわしくしろ」や「もっと強く訴えろ」など、内容に触れているようで、具体的にどうすればよいかを指摘しない先生も要注意。さらに、「もっと、がんばれ」などの精神論を並べるのは、最も残念なタイプです。このようなコメントしかできない先生は、経験不足か、そもそも小論文の指導者に向いていませんので、時間をとって読んでもらったことに対してお礼を言ったあと、すぐに別の先生を探しましょう。

国語の先生以外にも見てもらおう

最近では、総合型選抜・学校推薦型選抜入試対策の一環として、小論文を教えている学校が増えています。小論文担当の先生を招いて授業をしているケースもあるのですが、その場合でも、具体的なアドバイスがもらえるかどうかを見極めてください。

また、小論文は、国語の先生が担当することが多いですが、社会科学系統であれば社会の先生、自然科学系統であれば理科の先生に読んでもらいましょう。専門分野の先生からの具体的なアドバイスをもらえる可能性が高いですよ。

評価してもらったら必ず書き直す

採点・添削・講評してもらったあとは、必ず書き直しましょう。採点・添削・講評の内容をふまえて、自分の答案のどこが悪いのか、そしてどう修正するべきかを考え、より高く評価される答案を再び作成するわけですね。もし可能なら、何度か書き直しをくり返すのも効果的です。

書き直すときは、**具体例を中心に手直し**をしましょう。

たとえば、「この例は、説得力がない」というコメントをもらったとします。これでは、何をどうすればよいかわからないですね。だから、こう質問しましょう、「この例をどのように変えればよいでしょうか？」と。どう修正すれば、課題文や設問に対応した具体例になるのか、納得がいくまで、説明してもらいましょう。先生が説得力がない、と感じたら、おそらく採点者も同じことを感じるはずです。そして、そのアドバイス、説明をもとに書き直してください。指導してもらっている先生にOKをもらうまでくり返し書き直しましょう。「書き直している時間があるなら、次の課題文に移りたいのですが……」こんな声を僕の授業でもよく聞きます。たしかに、数をこなすのは重要です。しかし、書き直すことによって、最初に自分が書いた文章の余計だった部分、足りなかった部分がはっきり認識できます。つまり、**自分の文章のクセがわかる**のです。新しい問題にどんどん当たるだけでは、これに気づくことはできないのです。

2 本番で困らないネタの集め方

人文・教育系は身の回りのことがネタになる

人文系の小論文問題では、SNSでのコミュニケーション、消費しない若者、日本語の変容、外国人への差別、コミュニケーション論、人間関係論、日本社会論、言語論、文化論、歴史論などのテーマが頻出です。

これらは、自分の身の回りで起こるできごとを具体例とすることができます。友人どうしの会話、SNSでの交流、学校における集団、地域社会などでの実体験にあてはめて考察すればよいということですね。もちろんテレビや本などで見聞した、間接体験も重要です。

社会的な事象については、ネットのニュースなどでよいので、見出しだけでも読むようにしましょう。

言語、文化に関しては、難しいことにこだわる必要はありません。たとえば、関西と関東の言葉のちがい、食文化のちがいなどでも十分です。何気ないところにネタはあるものです。

歴史は、小学生向けの「歴史マンガ」レベルの知識はおさえておきましょう。高校の教科書をすみずみまで読む必要はありません。

教育系を目指すならば、学びとは何か、教えるとはどういうことか、また、教育現場の問題、教育制度などに関心を持つべきですので一読することをおすすめします。

人文・教育系の参考図書

少しくわしく知りたいという人のために、人文・教育系の参考図書を以下に示しておきます。興味のある人は、ぜひ読んでください。
田中克彦『ことばと国家』（岩波新書）
鷲田清一『じぶん・この不思議な存在』（講談社現代新書）

石黒圭『日本語は「空気」が決める　社会言語学入門』（光文社新書）
大村はま／苅谷剛彦／苅谷夏子『教えることの復権』（ちくま新書）
宮城音弥『心とは何か』（岩波新書）

また、拙著『採点者の心をつかむ　合格する小論文のネタ［人文・教育編］』もぜひご覧ください。

社会科学系は「政経」の教科書からネタ探し

社会科学系の小論文は、法学、政治学、経済学、経営学などをベースにした話題がテーマになります。

すごく難しく感じますよね？　でもそんなことはありません。高校生に専門的なことは求めていないからです。要は、高校で勉強した「政治・経済」レベルの基本的なことを知っていますか？　と試しているわけです。だからといって、「政経」の教科書を最初から最後まで読むのは効率が悪いので、以下の方法を試しましょう。

たとえば、「国民国家」「民主主義」「立憲主義」「資本主義」「国際政治経済」「グローバル化」という用語を、巻末の索引で探しましょう。見つけたら該当ページに飛んで、その用語が含まれている前後の数行を読んでみてください。おそらく、その用語についての基本的な意味がわかるはずです。たった数行ですが、それを知っている受験生が書いた小論文と、知らない受験生が書いた小論文の間には天と地ほどの差が生まれます。少しずつ頭に入っている用語が増えれば、小論文にも具体性が出てきます。

また、人文系と同じように、テレビなどからも情報を仕入れておきましょう。ただし、ネット上の記事には、不確かなことが多いため、だれが書いているのか、どこが配信しているのか、その情報が確かなものなのか、その都度ソースを確認しましょう。確かなものであれば、ぜひネタとしてストックしてください。

社会科学系の参考図書

法・政治関連

社会科学系についても、参考図書を示しておきます。

牧野雅彦『はじめての政治学』（平凡社新書）
長谷部恭男『憲法とは何か』（岩波新書）
渡辺洋三ほか編集『日本社会と法』（岩波新書）

経済関連

小塩隆士『高校生のための経済学入門［新版］』（ちくま新書）
池上彰『「見えざる手」が経済を動かす』（ちくまプリマー新書）
橘木俊詔『格差社会』（岩波新書）
アマルティア・セン『人間の安全保障』（集英社新書）

加えて、拙著『採点者の心をつかむ　合格する小論文のネタ［社会科学編］』も参照してください。

理系のネタは教科書レベルでOK

理系の小論文は、高校理科の教科書レベルの情報をおさえておく必要があります。

ただ、入試レベルの知識が必要というわけではありません。

たとえば、減数分裂のくわしいメカニズムは知らなくても、減数分裂で遺伝子の組み換えが生じて、遺伝的に多様な個体が生まれるのだということがわかっていれば十分です。ということは、学校で習ったこと、教科書に書いてあることを、大まかに思い出し、確認しておく程度でよいと思います。

ただ、大学の学部・学科の分野についての知識が必要な入試もあります。たとえば、医学部の小論文入試では、医学・医療の課題や問題、その背景などを知らなければ、課題文を理解するのも難しくなります。医学・医療についてその概要を学ぶには、塾や予備校に通うのが一番ですが、本で学ぶことも可能です。あとでまとめて参考図書として示しておきますね。

高校での勉強が役に立つんだね
うーん もっと勉強しておくんだった

さて、理系の小論文入試で出題される課題文としては、科学・科学者論、実験・観察、環境・エネルギー問題、生物生産、生物資源、社会工学、医学・医療などがありますが、それぞれに対する基本的な知識、現状、問題点、改善策などを考えることが大事です。これらの分野の基本を学ぶには、大学入試の過去問を読むのも有効です。入試の課題文は、それぞれの分野の各テーマについて学ぶのに適切な情報が詰まっています。自分が受ける大学だけではなく、いろいろな大学の過去問を探し、必要な課題文を見つけてくださいね。

理系の参考図書

理系に関する参考図書も挙げておきたいと思います。

池内了『科学の考え方・学び方』（岩波ジュニア新書）
村上陽一郎／中村桂子ほか『科学は未来をひらく　中学生からの大学講義　3』（ちくまプリマー新書）
小幡豊ほか、長野敬監修『医学・医療概説　改訂版』（河合出版）

小橋元／近藤克則／黒田研二／千代豪昭編集『学生のための医療概論　第4版　増補版』（医学書院）

拙著『採点者の心をつかむ　合格する［医歯薬／看護・医療編］』も目を通してみてください。

最後に全分野共通で、読んでおきたい本を紹介しておきます。このシリーズは、理系のところで一冊紹介しましたが、大学での学びについてざっと知ることができます。

「中学生からの大学講義」シリーズ（ちくまプリマー新書）

集めたネタを効果的に活用する方法

小論文においては、知識の丸暗記はNGです。身につけた知識を利用して、自分なりにイメージ化し、具体例に活かさなければなりません。

たとえば、「差異表示のための消費」という言葉があります。意味は「他人とのちがいをアピールするためにものを買う」ということです。難しい言葉を使って書いた方が頭がよさそうですね。でも、言葉の意味だけ知っていても、そして、文脈を考えずに書いても、それ自体は評価されません。前者を書いても、後者を書いても、同じことが伝わるだけ。つまり差はないのです。

実は、「差異表示のための消費」というのは、80年代のバブル期を分析するときに使われた言葉で、たとえば、女性にモテたいがため、ブランド物の服を着て、高級外国車に乗る男性の消費を指します。他人よりおしゃれ、金持ちという差異をアピールし、おしゃれで金持ちのイメージがある商品を購入するということなのです。このような、具体的な状況をイメージできてこそ、「差異表示のための消費」という言葉は、意味のある形で小論文で生きてくるのです。

もうひとつ具体的な例を挙げます。医学・医療の知識に「インフォームド・コンセント」という、小論文に必須の言葉があります。「患者が情報を得た上で同意すること」という辞書的な知識を暗記しているだけでは、小論文を実際に書くときにはまったく役に立ちません。大事なのは、**この言葉をめぐる状況をイメージしておくこと**なのです。イメージの例としては、

- 現代では、慢性疾患が増加している。
- 慢性疾患は完治が困難。
- 患者は長い期間、日常生活での治療、ケアが求められる。
- だから、医師は患者の日常生活を理解しなければならない。
- そのためには、医師は患者とコミュニケーションをとる必要がある。
- 患者も、自分の病気や、今後の生活について理解すべきだ。
- 医師は患者自身が治療やケア、生活について自己決定できるようにサポートしなければならない。

というような医療のイメージができていれば、小論文でそのイメージを具体例として提示し分析することが可能で、十分評価される答案になるのです。

さて、実際の大学入試では、学部・学科の分野をテーマとした小論文問題が出題されるとは限りません。つまり、法学部だから法学系の問題が常に出題されるわけではなく、人文系の問題も頻出です。小論文問題は形式、内容ともに非常に多様なので、ぜひ自分が受験する大学の過去問を調べ、必要な知識を身につけてください。

3 今すぐできる文章上達法

周りの受験生の答案が最も役に立つ

予備校や塾では、授業の中で解答例を紹介します。実際の入試後は、解答速報で解答例を読むことができます。また、小論文対策用の参考書や大学入試問題集などにも解答例が掲載されていますね。それらに共通することは、予備校や塾の講師など、小論文を専門に教えている人が作成しているということです。文章は上手で、専門用語が使われ、構成もしっかりしています。ですから、受験生のみなさんが解答例を読むと、

「自分にはこんな文章ムリ！」

「自分に小論文は書けない！」

と真っ先に思ってしまうのではないでしょうか？

僕も、授業で見せるために解答例を書くことがありますが、できるだけやさしい言葉で、受験生の体験や知識だけで書ける文章を作成しようと心がけています。しかし、どんなにがんばっても、正直、まだ対策を始めたばかりの受験生が書くような、独特の言い回しや文章、少しずれた構成などを真似することはできません。とすると、僕が書いた解答例を読んだ受験生も、前述のように「こんなの書けない……」となってしまいます。

実は、受験生に最も役立つのは、**同じ受験生の書いた答案**なのです。手っ取り早く文章を上達させるためには、うまい人の文章を真似るのが最も効果的です。しかも、自分の実力よりはるか上のレベルの文章よりも、少し上ぐらいが、より効果的です。

また、同じ受験生の答案であれば、僕のような歳の離れた大人（要は、おっさん）には思いもつかない、若い人ならではの具体例や分析が示されています。ですから、自分と同じ受験生、しかも、自分よりも少し上のレベルの答案を徹底的に真似しましょう。

予備校や塾に通っていれば、周りの受験生とやり取りすることはできますが、予備校や塾に通うことのできない受験生も多いでしょう。その場合は、同じ学校の友だちどうしで小論文を書き、たがいに講評し合ってみてください。レベルの高い答案を書く友だちがいれば一番いいのですが、同じようなレベルの友だちどうしでも、どうすればいい答案になるのかを考えることで、文章は確実に上達するはずです。

天声人語を読んでも効果はない？

朝日新聞の1面に、100年以上連載が続いている「天声人語」。作文や小論文がうまくなるためには、天声人語を読むべきとか、社説が役立つとかいう話をよく耳にします。天声人語は、短くまとまった文章ですし、社説は筆者（記者）の考えが示されているので、参考になると言われればたしかにそうかなと思ってしまいます。

しかし、これも小論文の「ジョーシキ」で、あたかも正しそうなアドバイスですから、ちょっと検証してみた方がいいかもしれません。

天声人語は、美しい文章でまとめられています。しかし、内容は、筆者のちょっとした気づきや批判が示されているだけで、しっかりとした分析がなされているわけではありません。社説は、筆者の考えが示されているようには思えますが、それは、その新聞社を代表した大まかな方向性を示しただけであり、筆者が自分なりに分析したものではありません。つまり、**天声人語も社説も、小論文で必要とされる問題意識の共有と、そこから独自の見解を導き出すという作業には、あまり役立たない**ということになります。

では、新聞自体、小論文対策に効果はないのでしょうか？ そんなことはありません。問題意識の共有、独自の見解が示されているコラム、特集記事、読者投稿は受験生にとって読む価値ありです。

コラムとは、ニュース以外の記事のことですが、個人的な分析や意見が示されている評論やエッセイです。特集記事は、とくに重点を置いて編集した記事です。記者が本腰を入れて取材、調査し、分析、検証したものなので、小論文とは字数や構成も異なりますが、通ずるところがたくさんあります。読者投稿は、わざわざ新聞に投稿するだけあって、書いた人の本気度が伝わってきます。字数も少なく、正直、分析と呼べるレベルではないのですが、本当に伝えたいことがあって、真剣に書かれているので、相手に伝える、という姿勢を学ぶことができます。

4 学校では教えてくれない過去問活用法

過去問は早めに見ておこう

英語や数学といった一般教科の過去問は、問題形式に慣れることや時間配分を知るために解きますが、その問題はもう二度と出題されないので、受験前にやっておけばいいとアドバイスされることが多いでしょう。しかし、小論文の過去問の活用の仕方は、一般教科とはちょっとちがいますので、その活用法を解説しますね。

小論文は、形式、内容ともに多様ですから、それぞれ異なった対策が必要です。ですから、できるだけ早い時期、できれば**三年の新学期が始まってすぐ、入試問題の傾向を知っておくべき**です。そこで役立つのが過去問です。受験予定の大学・学部・学科の過去問を見て、どんな問題が出題されているのかを知るだけで、その後の勉強の仕方が変わってきます。どんなネタを集めたらいいのか、どんな体験を重ねればいいのか、過去問を見ておけば、具体的な対策が可能になるわけです。

過去問を見るときのポイント

では、どのように活用すればいいいか？　過去問を見るときは、以下の四つの点に注目してください。

- 問題の形式は、テーマ型か、課題文型か、図表型か。
- テーマはどのようなものが多いのか。
- 課題文であるならば、その長さはどのぐらいか。
- 設問には、要約問題や説明問題があるのか。

とても大事なので、一つひとつ、くわしく見ていきましょう。

問題の形式

- **テーマ型：短い文言でテーマが与えられ、それに応じて述べるもの。**

- 課題文型：ある程度の長さの文章が与えられ、それに応じて述べるもの。
- 図表型：図や表が与えられ、それに応じて述べるもの。
- 英文型：英語の文章が与えられ、それに応じて日本語で述べるもの。
- 教科型：教科の内容を含む問題で、教科の知識を利用して述べるもの。

課題文の内容

- 人文科学系統
- 教育系統
- 社会科学系統
- 医・自然科学系統
- その他系統

以上のように分類すると、課題文の形式で5種類。また、ひとつの課題文に対して内容が5種類なので、小論文の問題のタイプは、25種類あるということになります。これだけ種類があるのだから、やみくもに学習していくのは得策ではありません。小論文の基本を身につけたならば、自分の志望大学の入試のタイプを見極め、集中的に取り組みましょう。

たとえば、私立大学の医学部を志望しているのであれば、形式はテーマ型、課題文型で、内容は医・自然科学系統、人文科学系統です。ということは、4種類の問題に取り組んでいけばよいということになるわけです。

さらに分析するならば、課題文は、短めのもの（本書の例題で、実際の入試問題の1、2ページ程度）がほとんどです。また、医・自然科学系統でも、自然科学系統はあまり出題されません。こうなると、かなり的をしぼって学習することができるはずです。

このように、自分なりに入試問題を分析して、傾向をつかんだ上で、対策をしていくことをおすすめします。以上のようなポイントで問題を見たあとは、実際に過去問を解いてみましょう。同じ問題は二度と出題されませんが、課題文や設問には、大学の方針や考え方が表れるため、問題には必ず共通点があります。相手の考え方を知る上でも、過去問を見ることは最も有効な方法なのです。

過去問はネタの宝庫

これは、本章でも触れましたが、過去問をたくさん見ておくことで、小論文入試に必要なネタ、つまり具体例のヒントを集めることができます。

たとえば、志望している大学では、人文科学系統、テーマ型の課題文が毎年出題されるとします。まずやることは、その大学・学部の過去問をひと通り解くことです。また、それに加え、似たようなテーマの課題文を出題している他大学・学部の過去問を数十問読みます。これだけで、テーマ型については、かなりの数のネタを仕入れることができます。

僕が小論文を教え、解答例をたくさん作ることができるのは、小論文の問題を数えきれないほど読んでいるからです。もちろん、受験生のみなさんに、課題文を僕と同じくらい読んでほしいとは言いませんが、ある程度の数を読んでネタを増やしているうちに、「あれ？　これと似たような問題をどこかで見たな」と思える瞬間が必ずあります。

この感覚が出てくれば、小論文への苦手意識は消えますし、書くべきことがパッと出てくるようになりますよ。

要約はやっぱりやった方がいい？

小論文の実力をつけるために有効な方法のひとつは、要約です。すごく古典的な方法ですが、小論文対策のトレーニングとしてはとても効果的な方法です。ということは、小論文の「ジョーシキ」なのだから疑う必要があるのでは？　たしかにそうなのですが、この要約にははっきりとした効果があります。それは、この二点に集約されます。

- 文章の構造を理解できる。
- より深い読解ができる。

文章の構造を理解できるので、その構造を自分の答案に活かせます。加えて、読解ができるようになるので、文章力がアップします。逆に言えば、答案の組み立て方がわからない、文章力が足りない、と感じている受験生にはもってこいの方法です。

要約の練習も過去問が大活躍

要約の練習方法をひと言で言うならば、「**具体例を省き、要点を抜き出す**」ということになります。こう言われれば簡単に聞こえますが、言うは易く、行うは難しです。具体例を省けないもの、要点が複数あるもの、要点を並べても意味が通じないものなど、様々なタイプの文章があるため、一筋縄ではいきません。そこで、登場するのはやっぱり過去問です。

小論文の問題には、要約を課しているものが多いので、様々なタイプの問題を解くことができます。また、要約問題では、考えを述べる問題とはちがい、解答のパターンはある程度決まっています。ですから、参考書や過去問題集で、解答例があるものを選び、それを使って自己採点してみてください。

第五章

今さら聞けない小論文の質問集

受験生からよくされる質問に、
いつも僕が答えていることをお伝えします。
本章のタイトルのように、受験生は、
「こんなこと聞くのも恥ずかしいのですが……」
と言いながら僕のところに来ます。
でも、どの質問も素朴ですが、
おそらくみんなが心の中で思っていることなのだろうと思い、
この機会にまとめてみました。ぜひ参考にしてください。

Q1 小論文では、「だ・である体」で書かなければいけないんですか？

小論文は「だ・である体」で統一して書く。

日本語では、同じ文末表現が何度もくり返されると、ヘタクソな文章のように思われる傾向があります。

たとえば、「～です。」が5回くり返されたら、やはり違和感を覚えますね？　そして、「です・ます体」は、どうしても文末が「です」か「ます」になりがちなのです。ということは「です・ます体」で文末を統一して、同じ表現がくり返されないようにするのは、技術的に難しいということになります。

したがって、受験生のみなさんのほとんどは、「です・ます体」で統一するのが困難だろうという理由から、「です・ます体」をおすすめしません。一方で、「だ・である体」ならば、「〜だ。」「〜である。」「〜なのだ。」「〜かもしれない。」「〜だろう。」「〜にちがいない。」というように、文末をいろいろ工夫することができます。だから、受験生には、「だ・である体」で統一すること、と伝えているのです。

ただ、どうしても「です・ます体」で書きたい人は、それでも構いません。必ず「だ・である体」で書かなければいけない、というルールはありませんので。その方がうまく書けるのならば、それはそれで問題ないでしょう。「です・ます体」で統一していればよいのです。

これは以前受験生から言われたのですが、総合型選抜・学校推薦型選抜の、志望理由書などで、「だ・である体」では失礼な感じがする、ということです。何となく偉そう、上から目線っぽい感じがするというわけです。ですから、好みの問題でもありますので、その場合は「です・ます体」で書いてもＯＫです。

Q2 小論文を書く順番は、「起承転結」と「序論・本論・結論」のどちらがいいんですか？

形式先にありきはダメ、小論文すべてにあてはまる形式はない。

「起承転結」や「序論・本論・結論」というのは、文章の基本的な形式で、一般的には、小論文を書く上での基礎と言われています。

ただ、僕は必ずしも守る必要はないと考えています。この本の中でも何度も述べたように、形式を整えることで、あたかも論理的に語っているかのように見せかけているだけなのです。

形式を整えることがメインとなり、内容がおざなりになってしまったら本末転倒です。そのような小論文は、おそらく評価されないでしょう。論じたい内容が先にあり、それに適した形式に整える、というのが正しい順番です。

そもそもの話をすると、「起承転結」というのは、漢詩の絶句のルールです。「序論・本論・結論」は、長い論文やレポートを書くときの約束です。それらが、小論文にあてはまるのかと言われれば、あてはまることもあるし、そうでないこともあるとしか言えません。小論文の問題は、その内容とスタイルが多様なので、問題、設問に応じて適切な形式で論じる必要があります。また、妥当な形式を導き出す能力も、評価の対象になっていると考えるべきでしょう。

Q3 小論文では、制限字数の何割書けばいいんですか？

↓ 最終行まで書くよう努力するべきだが、どうしても届かないときは、1、2行書けなくても減点されることはない。

最低8割という意見をよく耳にします。何を根拠にして言っているのかよくわかりませんが、これも小論文の「ジョーシキ」のように語られています。しかし、8割ではマズイ、というのがこの質問に対する回答です。

小論文の制限字数は、論述問題（受験生の考えを問うもの）の場合、600字、800字が多いのですが、これは、大学側がその字数で書いてほしいというメッセージです。そこで仮に800字以内として、8割でよいならば、640字でOKということになってしまいます。600字ではなく、あえて800字で書いてほしい内容を求めているのにもかかわらず、640字しか書かれていない。採点者（大学）の気持ちになって考えてみてください。やはり8割は少ないという印象を持つはずです。

ちなみに、8割しか書けていない答案は、ほとんどの場合、内容も評価できないものであるのも事実です。大学が求めている内容については、制限字数いっぱい書いた方が、評価される答案になりやすい、ということでしょうね。

Q4
小論文では、必ず課題文の要約が必要ですか？

設問で要約を要求されているならば必要。
要求されていないならば不要。
ただし、論述に必要かどうか自分で判断すべき。

第一段落に課題文の要約 ↓ 自分の考えを述べる。

このように書くのが正しい小論文の書き方、とどこかで聞いた受験生も多いと思います。しかし、これも小論文の「ジョーシキ」です。

設問中に「要約をしなさい」という要求がない場合は、要約をする必要はありません。小論文に限らず、入試の大原則は、

「出題者の意図や要求に応える」

です。ですから、「必ず要約しなければならない」というのも、まちがった小論文の「ジョーシキ」なのです。

ただし、要約は絶対ダメということではありません。

たとえば、第一段落の要約が、第二段落以降の論述に必要な場合は、要約は有効な作業となります。

Q5 小論文では、必ずYES（NO）を言わなければいけませんか？

↓ 小論文問題の中に、YES（NO）の表明が要求されていないのであれば不要。

この質問には、第二章でも答えていますが、小論文の「ジョーシキ」と深く関係するので、あえて再び説明します。

思い出してください。第一章で紹介した、小論文の「ジョーシキ」によって作成された、評価されない答案（例題1の答案例1、2）は、課題文の内容に大まかに賛否を示したものですね。

ここからわかるのは、大まかなYES（NO）で論じるのは避けるべきだということでした。

また、YES（NO）の表明にそぐわない課題文の場合、問題に対応できていない答案になってしまう可能性もあります。「課題文が論争型の文章ではない場合、YES（NO）の表明は避けた方がよい」ということですね。

「YES（NO）を表明すべき」は、小論文の「ジョーシキ」のひとつですが、これもおかしな「ジョーシキ」と言うべきです。

Q6
書き出しやまとめは、どのように書けばいいですか？

小論文初心者は、書き出しやまとめは気にしなくていい。とにかく〈具体例→分析〉を意識して書くこと。
↓
ある程度書けるようになってから、書き出しやまとめを気にすればいい。

これも、よくある質問のひとつです。

文章を書くのが苦手な人は、書き始めで悩んでしまいます。要約やYES（NO）から書き始めるという小論文の「ジョーシキ」は、このような人たちへの処方箋《しょほうせん》としていつの間にか定着したようです。

結論から言うと、「書き出し」は何でもいいのです。ただし、適当に書き始める、という意味ではありません。書き出しに悩むというのは、小論文の書き方の順番をまちがえている可能性があります。課題文を読んだら、全体の「構成」を考えます。「書き出し」に悩んでいる人は、この作業をすっ飛ばしているのです。「構成」が決まる、つまり、書きたいことの全体の流れを決めることで「書き出し」が決まるのです。「まとめ」も同様です。「構成」の中で決まってくる、というのが結論です。また、課題文の内容や、設問の要求、制限字数など、様々な条件の中で「まとめ」は決まります。

「書き出し」や「まとめ」などの形式的なことは、語りたい内容があれば、あとからついてくるのです。ですから、「書き出し」に悩んでいるとしたら、何も語りたい内容がない、ということになります。その場合、まずは過去問などをたくさん解いて、ネタ集めから始めましょう。

Q7 大学入試の小論文には採点基準がありますか？

明確で厳密な基準は存在しない。

この質問はだれもが気になっているでしょう。

大学によっては、小論文入試の出題意図や採点基準が公表されていることもありますが、それでも客観的に、だれもが納得のいく基準が示されることはありません。受験後、受験生の得点を開示してくれる大学もありますが、それがなぜその得点になったのかは厳密にはよくわかりません。

では、予備校で行われている小論文の授業や、模擬試験には基準があるのでしょうか？　よく使用される採点基準は、「読解力」「テーマ設定・問題意識の高さ」「具体性」「論理構成」「文章表現」などです。

しかし、これらの基準も客観的に判断できるものではないですし、それぞれが重複する能力であり、単体で判断できる類のものではありません。

これはあくまで僕の推測なのですが、それほど細かい採点基準で点数を決めているわけではないのではと思っています。受験生の答案を、課題文への対応や、具体的な分析の仕方から3～5段階ぐらいに分類し、複数の採点者が話し合い、もしくはそれぞれの点数の平均を出し、得点とするのではないかと思っています。

ですから、決まっていない採点基準を気にするのは時間のムダです。その時間を書くトレーニングにあてましょう。確実に合格に近づきますよ。

Q8 小論文はふつうに書けば合否に響かないと聞きましたが本当ですか？

合否に響かないわけがない。バッチリ響きます。

「ふつうに書いておけば大丈夫」

難関大学に楽に合格した（と感じている）卒業生が言っているのをよく耳にします。入試で一般教科の点数が高く、他の受験生をぶっちぎっているため、小論文をあまりやらなくても受かった、という認識なのです。入試は合計点で合否が決まるので、それは事実です。

ただし、実際の入試では、合格者の大半は、合格最低点に近い点数あたりに集中します。もし自分が一般教科で合格最低点あたりの点数であるならば、小論文が合否をわけることになりかねません。たとえ配点が小さくとも、合否が逆転する可能性があるのです。

また、小論文をあまり理解していない受験生もこの質問をします。小論文の方が一般教科よりも点数差がつきにくいし、努力して点数が伸びるという実感も小さい、と認識しているようです。しかし、最近は、小論文を重視している大学が増えてきていますし、総合型選抜・学校推薦型選抜などでは、小論文の点数が大きなウエイトを占めるようになってきています。

また、今後の入試では、書く力が重要視されるだろうと予想されているため、その傾向はもっと強くなるはずです（小論文だけに限らず、一般教科でも論述力を問う問題も増えています）。

Q9 学校の先生に採点・添削・講評してもらえば十分ですか？

その先生が、小論文の指導経験が豊富かどうかを判断して、採点・添削・講評をお願いする。

予備校や塾には、学校の先生の悪口を言って、自分たちの優位性をアピールする講師が少なからず存在しますが、僕はそれは恥ずべき行為だと思っています。予備校でも、塾でも、勉強を教えるという点においては共通していますが、それぞれ得意とすることや役割があります。それを考慮せず、どちらがよい、ということを軽々しく言うことはできません。

しかし、現場の先生方の状況を知ると、学校の先生にアドバイスをもらうのは簡単ではなさそうです。友人の高校教師に聞いた話ですが、多くの学校では基本的に小論文の授業がなく、対策そのものができていません。また、毎日の授業、その他の業務に忙殺され、小論文対策まで手が回らないのが現状です。もちろんこれは、その友人の学校だけの話ですから、すべての学校の現状を正確に表しているわけではありません。しかし、多くの高校が少なからず同じような状況であることは想像に難くありません。

では、だれにアドバイスをもらった方がいいか？

第四章でくわしく解説しているので、104〜108ページを読んでください。

Q10 小論文を書くには本や新聞を読まなければいけませんか？

ネタ集め・文章や構成を学ぶために過去問を読んだ方がいい。

もちろん、読んだ方がいいに決まっています。そもそも、文章を「書く」には、文章を「読む」力が必須ですから、本や新聞に限らず、できるだけ多くの文章に触れることが望ましいです。しかし、この質問が、受験生からのものだとするならば、そうとも言えません。なぜなら、受験生は小論文以外の科目にも時間を使わなければいけないからです。

たとえば、この質問をしたのが、高校1年生であるならば、「できるだけたくさん読みなさい」とアドバイスします。高校1年生には受験までに時間があるからです。

一方、受験生は、他教科の勉強に追われ、現役生ならば、さらに部活や学校行事への参加など、やるべきことが山ほどあります。ですから、実力をつけるための最短の方法、つまり、自分に必要な知識を得ることができるような過去問を、できるだけたくさん読むことをおすすめします。

ひとつだけ加えておくと、当然ながら、新聞は時事ネタを知る上ではとても役に立ちます。大まかに社会の動きを知るために、ざっと見出しを読んでおくだけでも効果があります。

また、時事ネタは、ネットのニュースでも十分情報を得ることができます。スマートフォンを利用すれば、少しの空き時間でニュースを読むことも可能です。ネットでチェックして、気になった記事は新聞で、というスタイルでもいいですね。

Q11 文章が子どもっぽいとよく言われます。大人の文章はどう書けばいいですか？

気にする必要なし。多少下手でも、言いたいことが伝わればＯＫ。

子どもっぽい文章しか書けませんという悩みをよく耳にします。そこで、何が大人の文章で、何が子どもっぽいのか分類してみました。

【大人の文章】
- 論説文っぽい
- 古い文体、言い回しで述べられている
- 熟語、故事成語、ことわざなどが頻繁に使用されている
- 一文が非常に長い

【子どもっぽい文章】

- ひらがなが多い
- 会話的な文体、言い回しで述べられている
- 熟語、故事成語、ことわざなどがまったく使用されていない
- 一文が非常に短い

このようなちがいがありますが、大人の文章か、子どもっぽい文章かは、極端にならなければ、気にする必要はありません。僕の経験上、あまりに文章が幼稚で不合格になったという話は聞いたことがありません。

気にすべきは、やはり、書いてあることが伝わるかどうかです。

極端に子どもっぽい文章しか書けない場合はどうすればいいか？　その場合は、「他人の文章を真似る」ことをおすすめします。

Q12

過去問は何年分やればいいんですか？

5年分を解き、10年分を読む。

本音は「できるだけたくさん」ですが、入試問題の内容や形式に慣れるためには3年分を解き、課題文の傾向を把握するには、5年分を読むべきです。

ただし、これは最低限です。小論文の過去問に十分取り組んだと言えるのは、「5年分を解き、10年分を読む」のを終えたときです。（あくまでウワサですが）理由は、大学入試の作成者（チーム）は数年ごとに変わると言われているからです。10年分読めば、作成者が2、3回交代することになりますので、作成者が交代しても変化しない入試問題の傾向をつかむことができます。

以前、20年分の過去問を解いて、さらに何回も書き直しをしていた教え子がいました。受験当日、課題文を読んだだけで、すぐに設問が予測できたそうです。

受験生のみなさんに、そこまでやりなさいとは言いませんが、やはり、「できるだけたくさん」過去問に取り組むことには価値があります。

Q13 小論文の書き方を知っておけば、大学でも役に立ちますか？

役に立つに決まっている。

小論文で測るコミュニケーションの能力は、大学で最も必要とされている能力のひとつです。ここでは、そのことをさらにくわしく説明します。

高校までの学びと、大学での学びの、最も大きなちがいはゼミの存在です。高校までは、基本的には教師が生徒に一斉授業を行いますが、大学のゼミでは、教師から一方的に教わるのではなく、学生が自分で問題を探し、発見し、適切な文献を調べ、ときにはフィールドワークに出かけ、あるいは実験を行うことで考察を深めなければなりません。

また、レポートを作り、発表し、他の学生や先輩、講師などからダメ出しをくらい、さらに研究を深めていくのです。そこでは、問題発見力、収集力、分析力、表現力、解決力などが必要になります。これらすべては、小論文で必要な能力と重なります。多くの人間が集まって、話し合い、ひとつの問題について議論（＝対話）していくためには、その場にいる人々すべてで、問題意識の共有が図られる必要があります。もう、おわかりですね。

大学での学びは、YES（or NO）がはっきりするものばかりではありません。むしろ、はっきりしないからこそ、研究する意義があるのです。大学が小論文入試を行う理由はここにあります。受験生に、問題意識の共有を行う態度が備わっているかどうかを判断したいのです。そして、受験生が、ゼミで研究を続けていくだけの能力があるかどうかを見極めたいのです。

このように考えると、小論文を学習することが、大学で役に立たないはずがないことがわかりますね。

Column

文章を読むのも書くのも苦手な人のために

ここまで読んでいただきありがとうございました。どうですか？　小論文が書けそうな気がしてきましたか？　しかし、「そもそもの話、読むのも書くのも苦手すぎて……」という人もいるでしょう。そんな人にぜひ試してほしい方法があります。みなさんの多くがふだん使っているLINEです。

LINEなどのメッセンジャーアプリでは、短い言葉のやり取りが基本でしょう。

でも、あえて、長い文章を作ってみるのです。

だれか相手を決めて、少し長めの文章のやり取りをするのです。

最初は200字。

少し慣れてきたら300字。

次は400字。

このように、少しずつ字数を増やします。

最終的に600字くらいの（読むのも書くのも面倒ではありますが）やり取りが成立すれば、文章力がついている証拠です。

（ニュースや世の中で問題になっているトピックについてコメントしたり、講評をし合うなんて、ちょっとインテリな友人関係に見えませんか？）

実は、長い文章を読むのも書くのも苦手なのはみなさんだけではありません。大人でも同じです。つまり、多くの受験生のスタートラインは同じだということです。

ですから、「長い文章を書くんだ！」とあまり意気込まず、そしてかたく考えずに、いつもより少し長めの文章でやり取りしてみましょう。自然と文章への苦手意識はなくなるでしょう。その時点で、他の受験生に差をつけることができているのです。自信を持ってください！

補章

小論文入試の最新傾向

大学入試の小論文の最新傾向についてお話しします。
要約、説明、読み取りなどのある程度解答が決まっているタイプ。
また論述問題でも、解答の方向性が決まっているタイプの設問が増えています。
前章までで、小論文の考え方についてお話ししました。
本章では、この「考え方」をベースにしつつ、
最新傾向への向き合い方について解説します。

1 要約・説明問題

小論文が大学入試の科目になってから30年以上が経っています。この30年間で、問題の傾向はずいぶんと変わりました。大まかに言うと、僕が受験生の頃（１９８０年代）は、以下のような設問が一般的でした。

問 課題文を読んで、あなたの考えを述べなさい。

このようなタイプの設問は明確な解答はありません。解答の自由度が高いので、受験生の数だけテーマや論述の方向性があります。

そして、結果として点数に差があまりつきません。なぜでしょうか？

ほとんどの受験生が平凡な答案を書くからです。何も評価のできないありきたりな答案が多数を占めます。

差がつく小論文の設問が登場

同じような解答が「量産」され続ける小論文入試にも変化が現れます。少しずつ、要約や説明などの設問が増えてきています。以下のような設問です。

問 筆者の考えを要約しなさい。

このような要約、もしくは説明問題は、明確な採点基準を作ることができます。つまり、自分の考えを書く設問とはちがい、ある程度解答が確定するため、受験生の点数の差もハッキリします。満点に近い答案もあれば、ほぼ0点の答案もあるということですね。

サンプル問題を見てみよう

では、この要約・説明問題ではどのような問題が出題されるのでしょうか。まずは、次のページの問題を見てください。

問題① 次の文章を150字以内で要約しなさい。

（令和2年度　県立広島大学改）

皆さんは、「宿命」という言葉から何をイメージされるでしょうか。どんな人生を思い描かれるでしょうか。おそらく現在40代から上の人たちにとって、それは自分の人生を縛り、不自由なものにする桎梏《しっこく》*と捉えられている場合が多いのではないでしょうか。しかし、現在30代から下の人たちにとって、それはむしろ自分の人生の基盤となり、そこに安定感を与えてくれるものと捉えられるようになっている場合が多いように見受けられます。

では、「努力」という言葉についてはどうでしょうか。おそらく、現在も40代から上の人たちにとって、それは自分の能力や資質の不足分を補うための営みと捉えられていることが多いでしょう。しかし、現在30代から下の人たちにとって、それはむしろ自分の能力や資質の一部を成すものと捉えられるようになっている場合が多いように見受けられます。努力できるか否かもまた、自分の素質の一部と見なされるようになっているのです。

内閣府が2018年に実施した「国民生活に関する世論調査」では、現在の生活に満足していると答えた人とまあ満足していると答えた人が併せて74・7％を占めて、過去最高の数値となりました。18歳から29歳までに限定すると、その数値はさらに83・2％まで上昇します。現在の日本では、人びとの格差化が進んでいるといわれるのに、生活に満足していると答える人が増えているのはなぜでしょうか。とりわけ若者たちは厳しい社会状況に置かれているはずなのに、生活に満足と答える人がさらに増えるのはなぜでしょうか。

この謎を解く鍵は、上に示した二つの言葉をめぐる世代の相違から透けて見えてくるように思われます。そして、その背景にあるのは、現在の日本社会がすでに成長期の段階を終え、いまや成熟期へ移行しているという事実です。また、その時代の変化を反映して、自分が後天的に獲得した地位や能力ではなく、自分に先天的に備わっている属性や能力こそが、自分の人生を規定する最大の要因であり、また自分の人生に安定感と安心感をもたらしてくれると考える人びとが、現在の日本に増えているという事実でもあるように思われます。

注　桎梏……自由を束縛するもの、の意

土井隆義『「宿命」を生きる若者たち―格差と幸福をつなぐもの―』（岩波ブックレット　2019）

まず、第一段落から第四段落まで、順にまとめます。

第一段落

「宿命」について

- 40代以上：人生を縛り、不自由なものにする桎梏
- 30代以下：人生の基盤となり、安定感を与えてくれるもの

第二段落

「努力」について

- 40代以上：自分の能力や資質の不足分を補うための営み
- 30代以下：自分の能力や資質の一部を成すもの

第三段落

「世論調査」について

・現在の生活に満足・まあ満足が74・7％、18〜29歳では83・2％

・厳しい社会状況なのに、生活に満足している若者が多いのはなぜか（↓「謎」）

第四段落

「謎」を解く鍵

・背景：日本社会が成長期の段階を終え成熟期に移行している

・40代以上：後天的に獲得した地位や能力が人生を規定する要因と考える

・30代以下：先天的に備わっている属性や能力が安心感をもたらしてくれると考える

⇩ 生活に満足している若者が日本に増えている

どうでしょうか？

内容を理解するためには、**段落ごとに順番にまとめていけばいい**、ということがわかります。それぞれの段落の内容も難しいものではありませんね。

もう少し説明しましょう。


第一、第二段落は30代以上と40代以上の対比なのでわかりやすいですね。

第三段落は、厳しい社会状況だが、生活に満足している若者が増えているのはなぜかを問うています。ここまでもとてもわかりやすい。


第四段落は少しだけ工夫が必要です。

現在の若者が自身の能力をどう捉えているかを示して、第三段落の問いに答えています。日本社会の変化とともに説明していますね。ここが少しわかりにくいかもしれません。

かつての成長期を生きた40代以上と、現在の成熟期を生きている30代以下の対比であることを読み取り、整理するといいでしょう。


この問題は、要約・説明問題としては、基本の部類に入ります。

読んでいく順に大切なポイントを抜き出して、それをつなげるだけだからです。

もちろん実際の入試は、こんなにシンプルな問題ばかりではありません。書かれた順番を入れ替えなければならないタイプ、構造が複雑なタイプ、この問題の第四段落のように内容がわかりにくいタイプなど、要約するための工夫が必要な問題があります。

さらに言えば、課題文から抜き出すことができず（具体例ばかりで明言していないなど）、解答者自身の言葉でまとめ直さなければならないタイプの問題もあります。この手の問題はかなり作業が難航するでしょう。

ただし原則は、この問題のように、**読んだ順に大切なポイントを抜き出して、それをつなげる作業**です。それだけではうまくいかないときは、工夫をしてみるという姿勢で練習していくといいでしょう。

現代文の問題に見える？

このようなタイプの問題が増えると、一般教科と同様、点数差が明確になるため大学側も合否をハッキリと見極めることができます。

また、論理的読解力という一般教科（たとえば現代文）でも必要な能力を判定することも可能になります。

その意味では、小論文の問題は現代文の問題に近づいていると言っていいかもしれません。実際には、小論文入試と銘打っていても、要約問題しか出ない試験もあります。さらに、穴埋め問題で知識を問うものも散見されます。

ちなみに、入試現代文も小論文に近づいています。

国公立大学の2次試験の現代文の問題は、長い字数の要約・説明問題や、受験生の考えを聞く見解論述問題が見られます。

つまり、**小論文が現代文に、現代文が小論文に近づいている**と考えることができるのです。

2 ステップ設問型問題

「ステップ設問」と聞いて、どんな問題をイメージしますか？

ちょっとよくわからない、という方が多いと思いますので説明しますね。

冒頭で紹介した**「課題文を読んで、あなたの考えを述べなさい」**というシンプルな設問では、受験生自身のなかで、

読解 ↓ テーマ設定 ↓ 具体例想定 ↓ 構成……

という**作業（ステップ）**を行う必要があります。
しかし、最近の小論文の問題には、以下のようなパターンが増えています。

問1 下線部①はどういうことか説明しなさい。
問2 下線部②のように言える理由を説明しなさい。
問3 下線部③にあてはまる具体的な例を示しなさい。
問4 課題文をふまえて、あなたの考えを述べなさい。

問1から問4まで設問の内容に関連性があり、段階（ステップ）をふんだ構成になっています。なので「ステップ設問」と僕は呼んでいます。考える順番（ステップ）を指示し、議論の方向性を定めた上で、受験生に自身の考えを聞きます。そのため、解答の自由度は低いと言っていいでしょう。

サンプル問題を見てみよう

ここでサンプル問題を見てみましょう。

問題② 次の文章を読んで、後の問に答えなさい。

（2022年度　大正大学改）

わたしの息子が英国のブライトン&ホーヴ市にある公立中学校に通い始めた頃のことだ。

英国の中学校には「シティズンシップ教育」というカリキュラムがある。息子の学校では「ライフ・スキルズ」という授業の中にそれが組み込まれていて、議会政治についての基本的なことや自由の概念、法の本質、司法制度、市民活動などを学ぶのだが、その科目のテストで、「エンパシー*とは何か」という問題が出たという。

息子は「自分で誰かの靴を履いてみること」と答えたらしい。「To put yourself in someone's shoes（誰かの靴を履いてみること）」は英語の定型表現である。もしかしたら、息子が思いついたわけではなく、先生が授業中にエンパシーという言葉を説明するのにこの表現を使ったのかもしれない。

「エンパシー」という言楽を聞いて、わたしが思い出したのは「シンパシー*」だった。正確には、「エンパシーとシンパシーの違い」である。

わたしのように成人してから英国で語学学校に通って英語検定試験を受けた人

はよく知っていると思うが、「エンパシーとシンパシーの意味の違い」は授業で必ず教えられることの一つだ。エンパシーとシンパシーは言葉の響き自体が似ているし、英国人でも意味の違いをきちんと説明できる人は少ない（というか、みんな微妙に違うことを言ったりする）。だから、英語検定試験ではいわゆる「ひっかけ問題」の一つとして出題されることがあるのだ。

とはいえ、わたしが語学学校に通ったのはもう二十数年前のことなので、すっかり忘れてしまった二つの言葉の意味の違いをもう一度、英英辞書で確認してみることにした。

＊エンパシー（empathy）……他者の感情や経験などを理解する能力

＊シンパシー（sympathy）……1．誰かをかわいそうだと思う感情、誰かの問題を理解して気にかけていることを示すこと

2．ある考え、理念、組織などへの支持や同意を示す行為

3．同じような意見や関心を持っている人々の間の友情や理解

（『Oxford Learner's Dictionaries』のサイト oxfordleanersdictionaries.com より）

英文は、日本語に訳したときに文法的な語順が反対になるので、エンパシーの意味の記述を英文で読んだときには、最初に来る言楽は「the ability（能力）」だ。他方、シンパシーの意味のほうでは、「the feeling（感情）」「showing（示すこと）」「the act（行為）」「friendship（友情）」「understanding（理解）」といった名詞が英文の最初に来る。つまり、エンパシーのほうは能力だから身につけるものであり、シンパシーは感情とか行為とか友情とか理解とか、どちらかといえば人から出て来るもの、または内側から湧いてくるものだということになる。

さらにエンパシーとシンパシーの対象の定義を見ても両者の違いは明らかだ。エンパシーのほうには「他者」にかかる言葉、つまり制限や条件がない。しかし、シンパシーのほうは、かわいそうな人だったり、問題を抱える人だったり、考えや理念に支持や同意できる人とか、同じような意見や関心を持っている人とかいう制約がついている。つまり、シンパシーはかわいそうだと思う相手や共鳴する相手に対する心の動きや理解やそれに基づく行動であり、エンパシーは別にかわいそうだとも思わない相手や必ずしも同じ意見や考えを持っていない相手に対して、その人の立場だったら自分はどうだろうと想像してみる知的作業と言える。
息子は学校で、「テロやEU離脱や広がる格差で人々の分断が進んでいるいま、エンパシーがとても大切です。世界に必要なのはエンパシーなのです」と教わったそうだ。

ブレイディみかこ・著、「他者の靴を履く」、文藝春秋、2021年より

問1 本文に示されている「シンパシー」について、100字以内で説明しなさい。

問2 本文に示されている「エンパシー」について、100字以内で説明しなさい。

問3 「エンパシー」が重要になると思われる「分断」の例を、200字以内で説明しなさい。

問4 問3で取り上げた「分断」の例において、エンパシーがなぜ必要なのかを、200字以内で説明しなさい。

問1から問4までステップをふんだ構成になっていますね。

しかし、ステップがふまれていない、こんな問題だったらどう答えますか？

問 本文に示されている「エンパシー」について、あなたの考えを600字で述べなさい。

僕は次のように答案を作成しようと考えます。

- 本文における「エンパシー」を読解し説明する（必要ならば「シンパシー」との対比で）。
- 「エンパシー」が重要な場面、具体例（「分断」の例も含めて）を探し、提示する。
- なぜその場面で「エンパシー」が重要になるのか、本文をふまえて考え、説明する。

元の問1から問4を読み直してください。ほぼこの作業と同じ流れですね。

実は、**問1から順に解いていけば、そして、そのまま問1〜4の解答を並べれば、600字の答案が完成する**のです。

つまり、ステップ設問型問題は、答案の構成や考察の方向性が設問によって定められ、その流れに沿って書けば、答案が完成するというタイプの問題なのです。

問1をまちがうと……

こうした問題形式では、解答の内容がある程度定まります。

また、点数の差もつきやすくなります。

受験生は、課題文と設問文をきちんと読む力、そして、正しく対応する力を問われます。

くわえて、先述のような設問が4問構成の場合、問1〜3のどこかで「失敗」すると、その後の設問の回答も「失敗」します。

極端な話、問1を「失敗」すると、残り三問全滅なんてこともあり得ます。

課題文をていねいに読解し、問題全体の要求をしっかりと理解することが必要です。

問1と問2は、課題文から抜き出してつなげれば解答になります。
以下のようなことを指摘できればいいです。

【シンパシー】
（共感できる）他者に対する感情や行為や理解／内側から湧いてくるもの／向かう対象に制約がある／かわいそうと思う相手や共鳴する相手にのみ向けられる

【エンパシー】
他者の感情や経験を理解する能力／（共感できない相手でも）自分がその人の立場だったらと想像してみる知的作業／身につけるもの／向かう対象に制約がない／かわいそうと思わない相手、共感できない相手に対しても向けられる

以上をふまえ、問3と問4も含めて解答例を示します。
先進国と途上国の分断という事例で論じます。参考にしてください。

解答例

問1

感情とか行為とか友情とか理解とか、人から出て来るもの、または内側から湧いてくるもので、対象に制限がある。かわいそうだと思う相手や共鳴する相手に対する、心の動きや理解やそれに基づく行動のこと。

問2

人の能力であり、身につけるもので、他者にかかる言葉なので、対象に制限や条件がない。共感や同意できない相手に対して、その人の立場だったら自分はどうだろうと想像してみる知的作業のこと。

問3

アブラヤシの実はパーム油の原料だが、パーム油は安価で加工に適し、多種多様な食品に用いられる。つまり、豊かな先進国の大きな利益になっている。だが、アブラヤシ栽培は途上国の貧しい国々では、熱帯雨林を破壊し、農場や搾油工場で働く人々は劣悪な労働を強いられている。共感できない相手でも自分がその人の立場だったらと想像してみる知的作業が発揮されなければ、豊かな先進国と貧しい途上国の分断が進んでいくのである。

問4　パーム油の生産と使用を停止すべきだと考える。しかし、それでは経済的に弱い国の産業と雇用を奪うことになる。棲息できなくなった野生動物や、搾取される労働者に同情するシンパシーだけでは、新たな問題を生んでしまう。持続可能な社会の構想には、エンパシーが必要なのだ。例えば、環境保護と労働条件改善の両立に努める業者の生産品を、先進国の企業や消費者が優先的に購入する仕組みづくりは有力な解決策である。

3 図表問題の増加

近年、文系学部でもデータサイエンスを学ぶことが必須になりつつあります。統計的に情報を処理する能力が求められているわけです。

その影響もあり、大学入試の小論文でも図表問題が増加傾向にあります。

たとえば以下のような設問です。

問1 図表を読み取りなさい。
問2 読み取ったことから推測できる課題を示しなさい。
問3 課題の解決策を示しなさい。

図表問題は、与えられた限られた資料から情報を読み取るため、解答はほぼ決まります。

また、推測できる課題も限られています。常識的に推測できる範囲の課題です。解決策についても、情報が限られているため、斬新なアイデアを書く必要がありません。

つまり、多くの受験生がほぼ同じ方向性で解答するため、解答の自由度の低い問題と結論づけることができます。

対策すれば高得点も可能

解答の自由度が低いということは、点数の差が明確化します。

逆に言えば、しっかりと対策すれば高得点を取ることができます。また、対策しなければ点が取れないこともあり得ます。

サンプル問題を見てみよう

では、どんな問題が出題されるか見てみましょう。

問題③

次の図表について、後の問に答えなさい。

我が国の人口構成の推移(出生中位(死亡中位)推計)

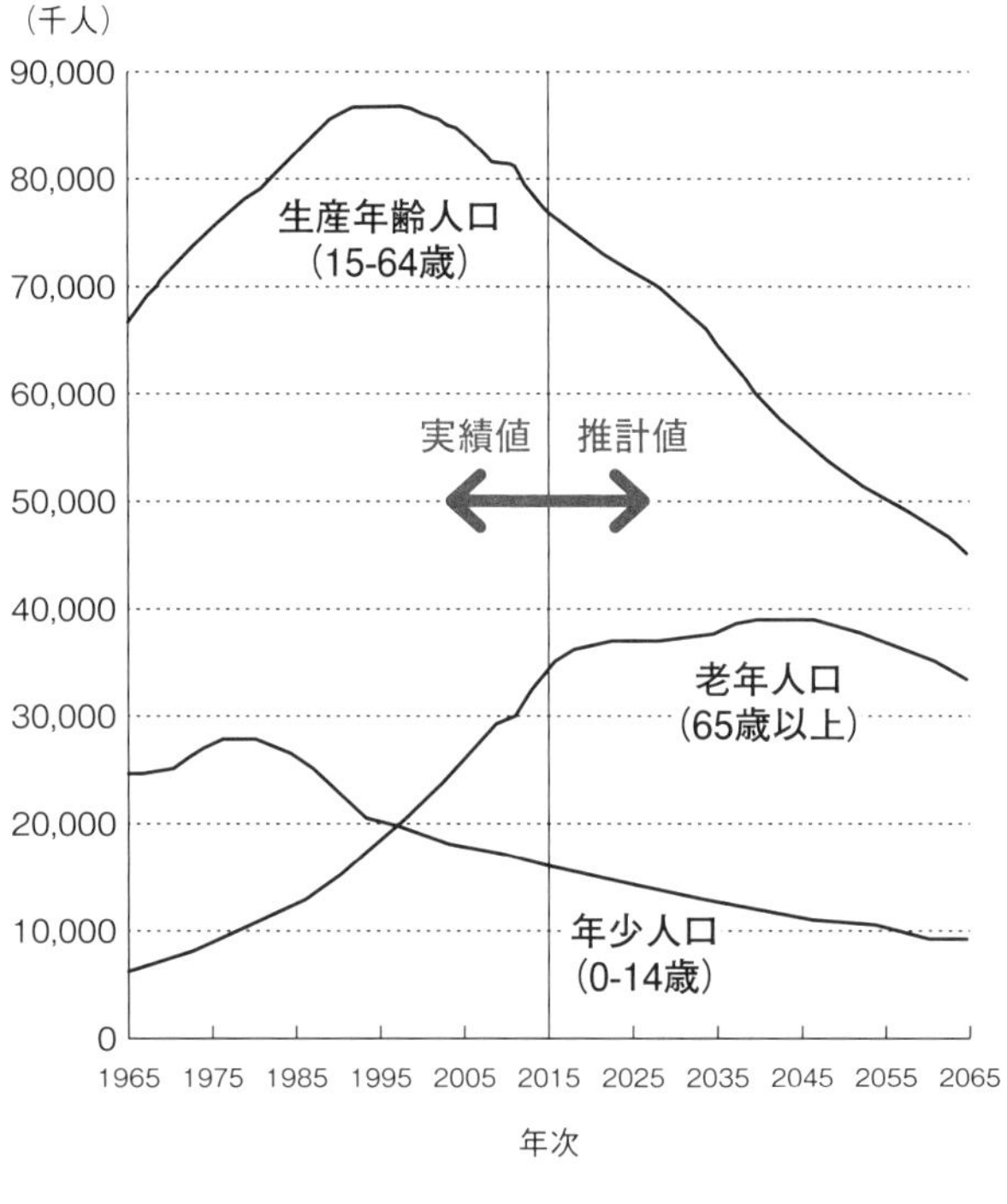

(出典)国立社会保障・人口問題研究所
「日本の将来推計人口(平成29年推計)」

問1 図を250字以内で読み取りなさい。

問2 問1で読み取ったことの社会的背景・原因と、今後生じるであろう問題について、300字以内で述べなさい。

問3 問2で示した背景・原因、問題について、どのような対策が必要か、300字以内で述べなさい。

問1 は、図を客観的に読み取ればOKです。

今後、老年人口は増えるけれど、生産年齢人口と年少人口は減り続けること（数値も含めて）を読み取ります（これまでの傾向も読み取ってもいい）。

問2 は、第1・2次ベビーブーマー（人口の多い年齢層）が高齢化していくことや、晩婚化やライフタイルの変化による少子化が背景・原因になる。

今後の問題は、経済活動・税収の縮小、社会保障費の増大、などが考えられる。

問3では、少子化対策、社会保障費の削減、高齢者の労働などを具体的に考えることが必要になる。

このような流れで答案を作成すると、「図から考えられることを800字で述べなさい。」という見解論述問題として出題されても、同じような解答となるはずです。すべて**自分で構成して書くべきところを設問でサポート**してくれているわけです。その意味で、先述した「ステップ設問型問題」と類似していると言っていいでしょう。

複数図表も……

また最近は、複数の図表が提示される問題が増えています。

たとえば、三つの図表が提示されているとします。

図表1で現状を読み取り、図表2で課題を推測し、図表3で解決策を導き出す。

このように、**複数資料を組み合わせてひとつのストーリーを組み立てる**ことが要求されているわけです。

さまざまなタイプの図表問題を解き、どんな問題にも対応できるようにしましょう。

では、解答例を示すので、先述した回答の方向性を確認しましょう。

解答例

問1 日本の生産年齢人口は1965年から増加し、1995年ごろにピークを迎え、8500万人を超えるが、そこから減少し続け2065年には4500万人程度になると推計されている。老年人口は1965年から2045年あたりまでおおむね増加し続け4000万人程度になるが、そこから減少し2065年には3500万人を切ると推計されている。年少人口は1965年から上昇しているが、1975年の3000万人弱をピークに減少し続け2065年には1000万人を切ると推計されている。

問2 今後、第1・2次ベビーブーマーが高齢化していくため、老年人口は増大していく。したがって、医療費や年金などの社会保障費の増大が推測される。また、若者の晩婚化、ライフタイルの変化による少子化が進んでいくことが確実視されるなか、総人口は減少するだろう。とするならば日本全体の経済活動が縮小し、それにともない税収や保険料の縮小が生じるはずだ。こうした状況のなか、高齢者への社会保障の質を維持するならば、労働に従事している若年層の負担が大きくなることが問題視される。また、収入のうち税や保険料の割合が大きくなると可処分所得が減り、需要の縮小化が起こり、さらなる経済活動の縮小が生じることが懸念される。

問3

少子高齢化が進むなか、社会を維持するには、少子化対策が必須であろう。しかしながら、すでに人口が少ない若年層が子どもを産んでも、大きな人口増加を望むのは難しい。またこの対策では近い将来の解決にはつながらない。当面の対応としては、社会保障費の削減と社会保障のスリム化など、社会保障のあり方自体を見直していかなければならない。もちろん、年金受給年齢の引き上げや、医療費の実費負担を大きくするなど、高齢者には厳しい政策を進める必要があるだろう。ただ、それと同時に、定年年齢の引き上げ、高齢者の労働の推進も行っていくべきではないか。いずれにしても、社会構造を大きく転換していくことが求められる。

4 シミュレーション型の問題

シミュレーション型の問題には以下のような内容の設問があります。

たとえば、ある企業が、Aという商品を販売します。

この商品をたくさん売るためにはどうしたらいいか？

図表データを利用しながら分析し、意思決定する様子を描いた課題文があるとします。

そこで、受験生が自分自身でデータ分析をしたり、推測したり、最終的に販売方法を提案する。これがシミュレーション型の問題です。

つまり、**実際の活動をシミュレーションした問題**ということですね。

現実の場面を想定し、リアリティのある解決策を考えるという意味で、問題解決型の問題と言っていいでしょう。

サンプル問題を見てみよう

次の課題文を読んで、以下の問いに答えなさい。

（２０１８年度　埼玉県立大学改）

ニューヨーク市においてビッグサイズの加糖清涼飲料水の販売規制が行われ、裁判になったことがありました。そこに我々は、健康科学にもとづいた健康政策の難しさを見ることができます。

「ニューヨーク市の成人の半数以上が肥満、あるいは過体重である。加糖の清涼飲料水が肥満、過体重の割合を押し上げていると市は考えた。市はこれまでレストランや公園の禁煙、レストランでのトランス脂肪酸の使用禁止など、積極的な規制を実施してきた。２０１２年、レストランや映画館、街なかの露店で販売されているビッグサイズ（約４７０㎖以上）の炭酸飲料、加糖の清涼飲料水の販売を禁止する方針を打ち出した。

しかし、ニューヨーク州高等裁判所は、ニューヨーク市が求めていたビッグサイズの加糖飲料の販売制限に対して、それを拒否する判決をくだした。担当判事は、ビッグサイズの加糖飲料の販売規制は、市の衛生局の権限を超えていると述べた。判決を受けて、業界団体である米国飲料協会は歓迎の意向を示した。協会は政策に対し、「ニューヨーク市内の中小零細企業の多くが不利な情況に置かれることとなり、また、ニューヨーク市民の選択の自由も制限される」として反対していた」

（『ニューヨークタイムズ』２０１２年5月30日、２０１４年6月26日）

２０１２年にニューヨーク市が提示したビッグサイズの加糖清涼飲料水の規制政策について考えてみましょう。甘い飲み物の過剰な摂取は肥満につながります。肥満は、心疾患、脳血管疾患、いくつかの種類のがんを引き起こすと考えられています。わたしたちが健康な生活を送るためには、肥満の予防はとても重要なのです。ニューヨーク市は、市民の健康な生活を守るために、ビッグサイズの甘い飲み物を規制するという肥満対策に乗り出しました。グラフを見てみましょう〈略〉。肥満率を各国との比較で表したものですが、米国の肥満率は突出していることがわかります。

肥満を改善、予防するためには、体重と体脂肪率の適正なコントロールが必須です。そして、体重と体脂肪率を適正にコントロールするためには、食生活の見直し（食事の量、栄養バランス、食事時間など）と運動習慣の形成が重要となります。こうした肥満の予防には、個人の取り組みもさることながら、社会的な取り組みが要請されるのです。

ニューヨーク市のビッグサイズの甘い飲み物を規制するという肥満対策は、肥満予防に関する社会的な取り組みの一例です。他にも、２０１０年に米国のミシェル・オバマ大統領夫人の呼びかけでスタートした子どもの肥満防止キャンペーン「Let's Move!」、同じく米国における一部の公立学校の給食での低脂肪乳の提供なども、肥満対策の政策の例として挙げることができます。

しかし、ニューヨーク市の肥満予防政策は、難航します。２０１４年、裁判所はニューヨーク市が提示したビッグサイズの加糖清涼飲料水の規制政策を退けました。ニューヨーク市は、なおも粘り強く規制を求めていく方針だそうですが、裁判所の判断というのはとても重いとみなさざるをえません。

さて、この裁判ではいったい何が争点になっているのでしょうか。ニューヨーク市はビッグサイズの甘い飲み物を規制することが、市民の健康につながると主張しています。肥満を防止し、健康な社会を作っていくことがニューヨーク市の目標なのです。また、肥満を予防することは生活習慣病の予防につながるので、結果として、高騰する医療費の抑制にも効果が期待されるでしょう。ビッグサイズの甘い飲み物を規制するという政策は、市民が健康になり、かつ医療費も削減できるという、まさしく一石二鳥の政策です。しかしその一方で、この政策には一部の市民や清涼飲料水業界からの反発がありました。反対派の声に耳を傾けてみましょう。反対派は「ニューヨーク市内の中小零細企業の多くが不利な情況に置かれることとなり、また、ニューヨーク市民の選択の自由も制限される」と主張します。経済活動の機会の公平性と、市民の自由が脅かされると考えているのです。たしかに、考えてみるとそのとおりです。経済活動の機会が公平でない社会に暮らすよりも、経済活動の公平性が保証されている社会に暮らす方が、よりよい生活を享受できます。みなさんも、自由のない生活よりも、自由のある生活の方を望ましいと感じるでしょう。

ニューヨーク市の裁判における両者の言い分には、それぞれ一理ありそうです。それでは、両者の言い分を健康科学の目標であるウェルビーイングの観点から考えてみましょう。健康科学は、人々の健康に資するための学問であり、人々の健康とは「たんに病気ではない」という状態以上のなにものかです。世界保健機関（WHO）によると、健康は「病気に罹っていないとか、衰弱していないとか、たんにそれだけのものではなくて、身体的にも、精神的にも、社会的にも完全に満たされた状態」と定義されています。この定義はとても広い定義です。人間は、単にひとりで生きているわけではありません。基本的に、人間は社会的なあり方をするものであり、社会の中で自分自身の欲求を実現し、それを社会から評価されるというプロセスを不可欠なものとしています。そのように、「単に生きる」だけではなく「よく生きる」ということがわたしたち人間の目標にほかなりません。「身体的にも、精神的にも、社会的にも完全に満たされた状態」を簡単に、「ウェルビーイング」（よく在ること）と呼んでもよいでしょう。ウェルビーイングと、わたしたちの価値観は、切っても切れない関係にあるということは、すぐにわかります。まさに、ウェルビーイングとは、価値的な概念なのです。

甘い飲み物を制限した結果えられる健康な生活は、人々のウェルビーイングを増進させるはずです。また、医療費を削減することができれば、その分の予算を他の事業や個人消費に充てることができるので、これも人々のウェルビーイングの増進に寄与するでしょう。一方で、わたしたちは自由に振る舞うこと、自由に消費行動を行うことに重要性を感じます。自由がある生活をよりよい生活として望んでいます。その反対に、自由のない社会に暮らすことは人々のウェルビーイングに適うとは思えません。さて、ウェルビーイングという視点からみることによって、ニューヨーク市の裁判の争点がよりはっきりと絞られてきたのではないでしょうか。市民の健康を増進することも、市民のウェルビーイングを向上させます。その一方で、市民の自由を保証することも、市民のウェルビーイングを向上させます。しかし、市民の健康を増進することと、市民の自由を保証すること、2つのウェルビーイングが対立してしまっているのです。まさに価値の対立がここで起こってしまっているのです。ここにニューヨーク市の裁判の難しさがあると言えましょう。

さて、ここで倫理学の基本事項について学習しましょう。事実と価値の区別、そして、事実から価値は導き出すことができないということです。

　事実とは、世界の状態や、世界の中で起こった出来事です。そして、事実についての判断を「事実判断」と呼びます。たとえば、「2016年現在、日本の首都は東京である」という判断は事実判断であり、かつ、「真」なる事実判断です。「東京はむかし、江戸と呼ばれた」という判断も事実判断で、かつ、「真」です。一方、「コウテイペンギンは北極圏で暮らしている」は事実判断ですが、「偽」なる事実判断です。このように、事実判断は「真」であるか、「偽」であるかのどちらかです。この「真」と「偽」を「真理値」といいます。まとめると、事実判断は真理値をとる判断となります。

　こうした事実判断とは異なり、真理値をとらない判断もあります。真理値をとらない判断の例を挙げてみましょう。「電車のなかでは年長者に席を譲るべきだ」「ピカソの絵は美しい」。こうした判断は、真でも、偽でもありません。「電車のなかでは年長者に席を譲るべきだ」という判断は、道徳判断と呼ばれ、「正しい（正）」か「正しくない（不正）」の値をとるものです。そして「ピカソの絵は美しい」は、美的判断と呼ばれ、「美しい」か「醜い」という値をとるものです。

こうした道徳判断、美的判断が、「価値判断」と呼ばれます。価値判断とは、真理値をとらない判断。「真」か「偽」では計ることのできない判断なのです。

事実と価値は分けることができるだけではなく、事実をいくら積み重ねたところで価値を導き出すことはできないと考えられています。このことはしばしば、『～である』から『～すべき』は出てこない」と表現されます。たとえば、あなたが電車の中で年長者に席を譲ったとしましょう。「わたしは昨日、電車の中でおじいさんに席を譲った」「わたしは一昨日も、電車のなかでおばあさんに席を譲った」……。このように何度あなたが電車のなかで年長者に席を譲ろうと、その事実から、「電車のなかでは年長者に席を譲るべきだ」という道徳判断を導くことはできません。

さて、ウェルビーイングも価値的な概念です。ですから、いくら事実を積み上げたところで、ウェルビーイングという価値は導かれません。健康科学は、健康に関する事実を積み上げる科学という側面を持ちつつ、人々のウェルビーイングという価値に目標を定めます。だから、健康科学には、「いったい、人々のウェルビーイング（よく生きること）とは何か」という、ウェルビーイングという価値に関する問いかけが不可欠なのです。そのことは、健康科学の中に、価値、とりわけ、道徳的価値に関する学問である倫理学（規範倫理学）が含まれるということを意味します。

わたしたちは、人々の間で事実が共有されつつも、価値が共有されていないという事例をいくつも指摘することができます。その1つの例が、ニューヨーク市が推進したビッグサイズの甘い飲み物の規制です。「甘い飲み物の飲み過ぎは肥満につながる」という事実は、規制に賛成する人々はもとより、規制に反対する人々であっても共有しています。しかしながら、「甘い飲み物を規制すべき」という道徳判断については、評価が分かれてしまっているのです。一方では、甘い飲み物を規制し、肥満を予防することは、人々のウェルビーイングを増進させると考えます。他方では、経済活動と購買行動における自由は、人々のウェルビーイングを増進させると考えるのです。

ウェルビーイングのような人々の価値観に強く影響する法律や条例の制定、ならびに行政機関の方針決定には、人々が価値を共有していくプロセスが大切になります。このようなプロセスを社会的合意形成と呼びます。ニューヨーク市の失敗は、肥満の問題にどのようにアプローチするのか、肥満政策に関する社会的合意をいかに形成していくのかということに関する失敗だったと言えるでしょう。

〈出典：東京大学医学部健康総合科学編「社会を変える健康のサイエンス：健康総合科学への21の扉(2016年)」(東京大学出版会) より一部改変〉

問1 この事例で対立する「価値」とは何か。規制賛成派の主張と規制反対派の主張の要点に触れつつ、150字以内で述べなさい。

問2 ニューヨーク市当局の政策が失敗した原因を述べた上で、あなたが市当局の責任者だとしたら、この事例における価値観の対立をどう解決しますか。あなたの考える解決策を160字以上200字以内で提案しなさい。

ただし、論述の際は、「市民」、「対話」、「社会的合意」という3つのキーワードを全て用いること(使用する順番と回数は問わない)。

なお、3つのキーワードは、それぞれ最初に使用した際に□で囲むこと。

とても長い課題文ですね。

社会課題の解決に関するていねいな説明を読んで、要点の説明と、解決案が要求されています。

問1です。

まず、規制賛成派と規制反対派の主張を読み取りましょう。

規制賛成派は、甘い飲み物の規制で肥満を予防し、健康な社会を作ることを目標としています。

一方反対派は、経済活動の公平性と購買行動の自由により、より良い生活を享受できると考えています。

その上で、対立する「価値」とは何かを考えましょう。

市民の健康の増進と、市民の自由の保障という二つのウェルビーイングという価値の対立であることがわかりますね。

問2です。

ニューヨーク市当局の失敗の原因と、自分が責任者ならばどうやって価値の対立を解決するかが問われています。

課題文と設問の条件をふまえれば、勝手な解決策は考えられません。ニューヨーク市の失敗は、市民の健康増進という価値こそ正しい、ということにこだわりすぎたこと。規制に反対する人々の価値観をふまえず、政策を推し進めようとしたことにその原因がある。

とするならば、**市民と対話を続け、社会的合意形成をめざすという方向で論じる**のがいいでしょう。

どのような説明、対話をすることで、市民に理解してもらうことができるのかをていねいに説明するのです。

受験生にとって、こうした社会課題について考えるのは簡単ではないかもしれません。しかし、一つひとつていねいに読めば、何をどう答えるべきかが見えてくるはずです。そして同時に、解答の方向が決まってくるでしょう。

くり返しのトレーニングが必要

シミュレーション型の問題は、総合問題と呼ばれる試験とも共通点があります。一般教科の、分野にとらわれない多様な知識や技術を駆使して解答を導く、という点で似ています。

現実の場面を想定し、教科横断的な知識・技術が必要という性質の小論文の問題は、今後増加するでしょう。

こうした問題も、やはり練習が大切です。たくさんの情報（現実の場面を想定するための）があるので、その情報を理解して活用するトレーニングが必要だからです。

しかし、何度もくり返し練習すれば、必ず解けるようになります。安心してください。

以下、解答例です。市民と対話を続け社会的合意をめざす方向で論じます。

解答例

問1

規制賛成派は、甘い飲み物の規制で肥満を予防し、健康な社会を作ることを目標とし、反対派は、経済活動の公平性と購買行動の自由がより良い生活を享受できると考えている。つまり市民の健康の増進と、市民の自由の保障、その2つのウェルビーイングという価値の対立であり、どちらを優先するのが正しいかという問題である。

問2

ニューヨーク市当局の失敗は、市民に肥満政策に関する価値の共有を行わなかったことが問題だったのだ。私が責任者ならば、肥満が健康増進を阻害し、医療費を膨らませていることを丁寧に説明する。そして、賛成派、反対派と対話を続け、健康増進、ウェルビーイングという価値観の共有をはかり、価値観の対立解消に努めるだろう。そうした社会的合意を形成した上で、法律、条例制定等の方針決定を行わなければならないと考える。

5 総合型選抜・学校推薦型選抜の小論文

一般入試の受験科目としての小論文は、減少傾向が続いています。

その分、いわゆる年内入試と言われている総合型選抜・学校推薦型選抜での小論文が増加しています。

総合型選抜・学校推薦型選抜では、志望理由書、小論文、面接の実施によって合否が決定します。

したがって、小論文対策のしかたが合否に影響することは、言うまでもありません。

学部・学科系統のテーマで解答が確定するタイプの問題多し

総合型選抜・学校推薦型選抜で出題される小論文のテーマは、文学部ならば文学に関するテーマ、法学部であるならば法的なテーマと、受験する学部・学科系統での「学び」に関係することが多いです。

問題の形式は、**解答がある程度確定するタイプが多い**ですね。

その理由は、総合型選抜・学校推薦型選抜では、試験科目として一般教科が課されないことが多いため、小論文の試験で一般教科の試験で試される力を評価したいからです。つまり、出題されるタイプの問題は、**要約・説明問題、図表問題が多くなる**ということです。

くわえて、**英文問題、データサイエンス的な問題、シミュレーション型の問題**もよく見かけます。

このように、出題される問題のタイプが多いため、それぞれの入試に対して、きちんとした対策が必要になります。

その大学、学部・学科の傾向をつかみ、その対策に集中しましょう。

とても多くの問題が想定されるため、紙幅の関係上、すべてのタイプのサンプル問題を示すことができません。

本章でこれまでに取り上げたサンプル問題を参考にして、対策を練っていただければと思います。

6 多種多様な問題にどう対応するか？

本書では、課題文をふまえ、具体的に考察することを学びました。

小論文は、対話的コミュニケーションです。また、問題意識の共有が重要です。

小論文には決まった書き方はないため、**書き方ではなく考え方を身につけてほしい**。これこそが本書の目的です。

本章でお話しした通り、自由度の低い、定まった解答を求める問題が増えています。ですので、本書で僕が伝えた考え方だけでは対応できない問題も存在するのは事実です。

問題が多様になればなるほど、考え方、つまり「原則」のみで対応することができなくなるからです。

しかし、本書の基本的な考え方が無効になるわけではありません。**課題文の筋道を読み、自分の体験にあてはめて考えることは、どの問題でも重要なポイント**です。

問題が多様だからこそ、原則が大切なのです。

ただし、体験的に考える＝具体的に考える方向性の自由度が低いため、何をどこまで書くのかを見極めなければなりません。

どういった具体例がいいのか、どこまで自由に考えていいものか、問題によって見極める必要があるのです。

つまるところ、本書で説明した小論文の原則は、原則として大切にしてもらい、それをベースに、さまざまな問題にあったアレンジをしてください、ということですね。

おわりに

僕が言いたいことをすべて伝えるには、紙幅がいくらあっても足りないので、逆にできるだけシンプルに、ということを意識して本書を執筆しました。

受験生のみなさんに、最も必要と思われる、小論文の基本的な部分を伝えようと僕なりに努力したつもりです。みなさんのなかに、小論文のイメージが少しでも芽生えてきたならば、これ以上の幸せはありません。

思えば、この本を書くということは、小論文に関する、みなさんの「問い」（問題意識）を、僕なりに「共有」し（自分の体験にあてはめ）、僕なりの「答え」（独自の見解）を提示しようという行為だったのかもしれません。

その意味で僕は、この本で、みなさんが出題した問題に対する小論文を書いたと言えるのかもしれません。僕の書いた答案（この本ですね）は、評価できるものだったのか、気になるところです。

さて、小論文を学ぶことは、大変面白いことでもあります。いろいろなことを深く考えるようになれば、今まで自分が、いかに何も考えていなかったかということに気づかされます。

そして世界は、今までとちがったように見えてくるのです。他者に物事を伝えることが（伝え合うことが）できるようになると、人間関係のなかで自分の価値観が変わっていくことを認識できるようになります。そうした自分自身の変化を感じることは、他ではなかなか味わえない面白さなのです。その面白さを、みなさんにも体感してもらいたいですね。

くり返しになりますが、本書は、小論文の基本、その考え方の原理原則に触れたにすぎません。この本で学んだことを土台にして、さまざまな小論文問題を解いていってもらいたいですし、小論文に必要な学習を続けていってください。

小論文の応用、つまり本書の次の段階については、また、別の機会に執筆できればと思っています。

最後に、本書の出版をすすめていただき、相談にものっていただいた、大先輩講師の瀬川聡先生、執筆の始めから終わりまで協力してくださった、かんき出版の荒上和人さんに感謝の意をお伝えしたいと思います。本当にありがとうございました。

【著者紹介】

中塚　光之介（なかつか・こうのすけ）

◉——河合塾講師。大正大学専任講師。大阪府出身。早稲田大学卒業後の1993年から河合塾にて添削指導を行う（人文教育系、社会科学系、医系など）。2000年からは、すいどーばた美術学院で芸術系小論文、2001年からは、新宿セミナー（現・ena看護）で看護系小論文の指導を行う。

◉——2003年から河合塾小論文科講師となり、医系小論文、文系小論文、帰国生入試小論文を担当する。医系テキスト、全系統テキスト、全統論文模試、全統医進模試プロジェクトチームにも参加。

◉——また、総合型選抜・学校推薦型選抜対策全般（提出書類、面接など）の指導も行う。担当する小論文対策講座はいつも満席状態。夏期、冬期講習は、申込み開始後、即締切となるほどの圧倒的な人気を誇る。

◉——著書に、『採点者の心をつかむ　合格する看護・医療系の小論文』『採点者の心をつかむ　合格する志望理由書』『採点者の心をつかむ　合格する小論文のネタ［医歯薬／看護・医療編］』『採点者の心をつかむ　合格する小論文のネタ［社会科学編］』『採点者の心をつかむ　合格する小論文のネタ［人文・教育編］』『採点者の心をつかむ　合格する小論文の書き方』『採点者の心をつかむ　合格する看護・医療系の志望理由書・面接』（いずれも、かんき出版）がある。

改訂版《かいていばん》　採点者《さいてんしゃ》の心《こころ》をつかむ　合格《ごうかく》する小論文《しょうろんぶん》

2017年10月10日　初版　第1刷発行
2024年5月7日　改訂版第1刷発行

著　者——中塚　光之介
発行者——齊藤　龍男
発行所——株式会社かんき出版
東京都千代田区麹町4-1-4 西脇ビル　〒102-0083
電話　営業部：03(3262)8011㈹　編集部：03(3262)8012㈹
FAX　03(3234)4421　振替　00100-2-62304
https://www.kanki-pub.co.jp/

印刷所——シナノ書籍印刷株式会社

 ISBN978-4-7612-3115-6 C7030